AF396835

Fieschi.

Machine Infernale.

Maison N.º 50 du Boulevard du Temple.

A. Désigne la Fenêtre de l'Appartement, Fieschi, où était placée la Machine Infernale.

ATTENTAT DU 28 JUILLET 1835.

PROCÈS

DE

FIESCHI, MOREY, PEPIN, BOIREAU ET BESCHER.

ORNÉ DE LITHOGRAPHIES.

VERDUN,

Imprimerie et Lithographie de **LIPPMANN**, Grande rue Mazel, 40 et 41.

COUR DES PAIRS,

AFFAIRE DE L'ATTENTAT DU 28 JUILLET 1835.

ACCUSÉS :

FIESCHI, MOREY, PEPIN, BOIREAU ET BESCHER.

Présidence de M. le baron Pasquier,

SÉANCE DU 30 JANVIER 1836.

Longtemps avant l'ouverture des portes, toutes les avenues du palais du Luxembourg étaient encombrées par une foule de personnes portant des billets d'entrée pour la première audience. On voyait roder autour d'eux des personnes dont la mise annonçait qu'ils appartenaient à la haute classe, mais qui n'avaient pas eu le bonheur d'être favorisées de billets ; ces curieux désappointés semblaient s'entretenir entre eux et chercher le moyen d'obtenir une entrée ; on nous a assuré que plusieurs avaient offert *cinq cents francs* à des témoins, pour jouir seulement pendant l'audience de ce jour de leur carte d'entrée, mais que ceux-ci avaient refusé.

Le quartier du Luxembourg présentait un mouvement inaccoutumé. Des voitures le parcouraient à chaque instant, des ordonnances à cheval portant des dépêches, des officiers de police ; des détachements de troupes donnaient aux abords du palais un aspect animé.

A onze heures les portes ont été ouvertes et les places ont été immédiatement envahies. La surveillance la plus rigoureuse est exércée aux portes. Dans les couloirs qui conduisent aux tribunes sont placées de nombreuses sentinelles. Le péristyle qui précède la chambre du conseil et la salle d'audience est occupé militairement.

Au bureau sont assis un grand nombre d'avocats en robe avec la chausse en hermine. Parmi eux M.e Dupin, bâtonier, M.es Parquin, Marie, Chaix d'Est-Ange, etc. etc.

Devant le banc destiné au bureau est placée comme pièce de conviction la machine infernale, les canons pointés comme ils l'étaient dans la chambre de Fieschi. Les avocats paraissent l'examiner avec la plus vive curiosité, tous les regards du public sont attachés sur cet épouvantable appareil. Sur le bureau du greffier sont déposées d'autres pièces de conviction, le forêt ébréché de Boireau, un moulle à balles, le carnet de Fieschi, etc., etc. Sous la machine infernale est déposée la malle qui a servi à faire découvrir Morey, les deux chapeaux gris, etc., etc.

Le ministère public a fait citer 101 témoins. Fieschi a fait appeler huit témoins à décharge et Bescher 10. Les autres accusés n'ont indiqué aucun témoin à décharge.

A midi 1|2 on introduit les accusés. Fieschi très proprement vêtu, la figure souriante, se place à la tête du banc réservé aux accusés. Il salue l'assemblée à plusieurs reprises. On le voit relever le col de sa chemise, ajuster sa cravatte, frotter ses mains. Son défenseur se trouvant près de lui, il tend affectneument la main à M.e Parquin. Un murmure indéfinissable circule dans l'assemblée lorsqu'on voit celui-ci accepter la main de Fieschi! M.e Patorni s'approche, Fieschi lui tend la main, l'avocat ne retire pas la sienne. Un troisième avocat est obligé de subir le serrement demain de Fieschi. Celui-ci salue ses con-

seils avec les démonstrations de l'amitié la plus vive.
Il paraît s'entretenir joyeusement avec eux. Il rit à
tout moment. Le bruit qui règne dans la salle em-
pêche d'entendre s'il rit aux éclats. Le mouvement
de sa figure et de sa personne donne à le croire.

Après lui le vieux Morey avec un bonnet de soie
noire sur la tête arrive à peine à sa place. Il est soutenu par les gardes municipaux. Puis vient Pepin en
habit noir, la figure pâle et contractée, un volumi-
neux paquet sous le bras, Boireau et Bescher propre-
ment vêtus occupent l'extrémité du bancs. Les accusés sont séparés par des gardes municipaux. Les
tribunes placées de chaque côté du banc des accusés
sont occupés par des gardes nationaux.

Au moment où un huissier annonce la cour, Fieschi se lève précipitamment, salue avec empressement
et à plusieurs reprises M. le président et MM. les
pairs. Un sourire erre sur ses lèvres. Tous les
regards sont attachés sur lui. L'accusé ne paraît nullement embarrassé d'être ainsi l'objet de la curiosité
générale.

Morey reste assis pendant que la cour prend séance, Pepin se lève et salue avec embarras, Boireau
et Bescher s'asseyent avant que M. le président ait
annoncé que la séance est ouverte. Quant à Fieschi il
reste debout respectueusement et comme il veut prendre une prise de tabac, il se retourne par honnêteté
pour que la cour ne le voie pas.

M. le président ordonne au greffier de faire l'appel nominal qui constate la présence de 75 pairs au
nombre desquels nous remarquons MM. de Talleyrand
de Broglie, Duperré, maréchal Maison, d'Argout,
Molé, maréchal Gérard qui n'avaient pas siégé dans
le premier procès, MM. les pairs ministres siégent
mais ne jugeront pas.

MM. les pairs qui sont absens, ou qui ne siègent
pas pour cause de maladie sont : MM. le duc de
Grammont, duc de Clermont Tonnerre, duc de

Broglie, duc de Tarente, marquis de Marbois, comte Destutt de Tracy, comte de Monbadon, comte de Vaubois, maréchal Maison, marquis de Boissi et Coudray, maréchal de Bellune, marquis de Castellane, comte de Durfort, vicomte Morel, de Vindé, marquis d'Osmond, duc de Sabran, duc de Choiseul-Gouffier, comte d'Argout, baron de Barante, comte Pelet de la Lozère, marquis de St-Simon, marquis d'Angosse, marquis d'Aramon, duc de Praslin, comte Bourke, comte de Puqsegur, comte Emmery, duc de Brancas, comte de Chabrillan, comte de Ste-Aulaire, maréchal de Dalmatie, comte de Sesmaison, amiral Duperré, marquis de Latour Maubourg, marquis de Boisjelin, comte de Lagrange, comte François de Nantes, comte Emérian, comte Bonnet, comte Jazan, chevalier Allent, amiral Roussin, vice amiral Jurier la Gravière, comte de Colbert, baron Grenier, maréchal de Grouchy, comte de Preissac, Canson, comte Duchatel, baron Duval, baron Brayer et comte de Rumigny ; en tout 55 membres.

Immédiatement après l'appel nominal, M. le président adresse les questions suivantes aux accusés :

Vos noms et prénoms ?
R. Fieschi, Joseph.
D. Quel est votre age ?
R. 41 ans.
D. Votre profession ?
R. Mécanicien.
D. Votre lieu de naissance ?
R. A Mourato (*Muroto (Corse)*.
D. Quel est votre domicile.
R. A Paris, Boulevard du Temple, n. 50.

Fieschi est un homme d'une petite stature, sa taille est de 1 mètre 46 centimètres ; cheveux et sourcils chatains, menton rond, visage rond, front découvert, yeux bruns, teint ordinaire. Sa voix d'abord

ferme et claire s'est altérée à la 3.me question de M.
le président.

D. Second accusé dites vos nom et prénoms, res-
tez assis ; vous êtes malade ?

R. Morey, Pierre ; j'aurai bientôt 68 ans.

D. Quelle est votre profession ?

R. Sellier.

D. Quel est votre lieu de naissance ?

R. A Chassaigne, (Côte d'Or), mon domicile est
à Paris, rue St. Victor, n. 32.

Morey est d'une taille de 1 mètre 58 centimètres ;
cheveux et sourcils gris blanc, menton rond, visage
plein, front découvert, teint basané, yeux chatains.
Sa voix s'entend à peine.

D. Troisième accusé dites vos nom prénoms et
âge ?

R. Pepin, Pierre-Théodore-Florentin, âgé de 36
ans. L'accusé paraît accablé.

D. Votre profession ?

R. Epicier...... industriel.....

D. Ou êtes vous né ?

R. A Remi (Aisne), mon domicile est rue du Faubourg St-Antoine, n. 1, à Paris.

Signalement : Pepin est d'une haute stature, 1 mètre 76 centimètres ; cheveux et sourcils chatains,
front bas, yeux bruns, nez long, bouche moyenne,
menton ovale et teint clair.

Le quatrième accusé dites vos nom prénoms, age
et profession ?

R. Boireau, Victor, agé de 25 ans, lampiste.

D. Quel est votre lieu de naissance et votre domicile ?

R. Je suis né à La Flèche (Sarthe), je demeurais
à Paris, rue Quincampoix, n. 77.

Signalement : taille de 1 mètre 60 centimètres,
cheveux et sourcils chatains, front plat, yeux bruns,
nez épaté, bouche moyenne, menton rond, visage
ovale, teint ordinaire.

D. Cinquième accusé dites vos nom prénoms, age, profession et lieu de naissance ?

R. Bescher, Tell, je suis agé de 41 ans, né à Laval (Mayenne).

D. Quel était le lieu de votre domicile avant votre arrestation ?

R. A Paris, rue de Bièvre, n. 8.

Signalement : taille de 1 mètre 56 centimètres ; cheveux et sourcils gris, menton rond, visage ovale, front haut, teint coloré, yeux noir, nez fort, bouche moyenne.

M. le président ; je rappelle aux conseils des accusés (tous les avocats se lèvent), les dispositions de l'article 311 du code d'instruction criminelle ! . . .

. . . . . Accusés ! soyez attentifs à ce que vous allez entendre ! ! Le secrétaire des archives va donner lecture de l'arrêt du renvoi et de l'acte d'accusation.

Au moment où M. le greffier commence cette lecture un cri d'effroi se fait entendre à gauche des accusés dans une des tribunes supérieures réservées aux témoins. On nous rapporte que l'un des témoins, le cocher de cabriolet qui a conduit Fieschi le matin de l'évènement est en proie à une attaque de nerfs. Les femmes qui sont dans la tribune et parmi lesquelles se trouve Nina Lassave et sa mère, la veuve Petit toutes les deux maîtresses du principal accusé, poussent des cris. Un huissier monte dans la tribune. Le bruit cesse.

Pendant la lecture de l'acte d'accusation, Fieschi qui continue de sourire tire de sa poche un carnet et un crayon et prend des notes. Pepin s'appuye sur la balustrade.

La lecture de l'acte d'accusation se fait au milieu du plus profond silence, à l'endroit où il est question des preuves qui établissent la complicité de Morey, celui-ci hoche la tête et se met de côté sur son banc, d'un air mécontent. A ce moment Fieschi se lève et reste debout les bras croisés. Il porte sa

tête de tous côtés et regarde dans les tribunes. Tout-
à-coup il se rassied, tire son crayon et son carnet,
il écrit rapidement. Quand M. le greffier vint à parler de la section des Gueux, Fieschi fait un mouvement de tête qui indique qu'il méprise profondément
les gueux, en même temps il sourit à la manière
d'un homme du beau monde. Il se leve de nouveau et
reste long-temps debout adossé négligemment contre
la séparation en planches élevée entre le banc des
accusés et la tribune des gardes nationaux. Il est
évident qu'il pose pour l'assemblée et veut qu'on le
regarde. Plusieurs peintres sont dans les tribunes et
dessinent sa tête.

Après la lecture de l'acte d'accusation, M. le président ordonne au secrétaire de lire la liste des témoins cités à la requête du ministère public. Pendant
cette opération Fieschi se rassied.

M. le secrétaire donne lecture d'une nouvelle liste
de témoins cités par les accusés Pepin, Morey et
Boireau. Cette liste n'a pas été imprimée.

M. le président : l'audience est suspendue pour
un quart-d'heure.

On descend le lustre. Les accusés qui sont sortis
un instant sont bientôt après ramenés dans la salle.
Fieschi s'entretient avec Me. Patorni et plusieurs
avocats.

A quatre heures la cour rentre en séance. On fait
placer Fieschi au milieu du banc.

Interrogatoire de Fieschi :

M. le président : le 28 juillet dernier entre midi et
une heure n'est-ce pas vous qui d'une fenêtre de la
maison n. 50 du boulevard du Temple avez mis le feu
à une machine qui a tué ou blessé 40 personnes ?

Fieschi : oui, Monsieur.

M. le président : n'est-ce pas vous qui avez monté
la machine qui est là devant vos yeux ? — oui, Monsieur. — Combien y avait-il de canons de fusil ? —

24. — De quelle manière ces canons étaient-ils chargés? — Il y avait dans chacun quatre chevrotines,
2 balles entières et une coupée en 4. Aux deux derniers canons il y avait encore deux vis d'environ un
pouce. — N'avez-vous pas placé sur les canons une
traînée de poudre? — Oui, Monsieur, cette traînée
allait depuis le premier jusqu'au dernier. — Est-ce
vous qui avez mis le feu? — Moi-même. — Est-ce à
une extrémité ou au milieu? — Au milieu. — Quel-
ques-uns des canons n'ont-ils pas éclaté et par suite
n'avez-vous pas été blessé? — Oui, Monsieur, montrant sa tête : les preuves en sont là. Voilà ma tête.—
Malgré vos blessures n'avez-vous pas tenté de vous
évader? — Oui, Monsieur. — N'a-t-on pas trouvé
sur vous un couteau à plusieurs lames et un poignard
que vous avez jeté sous le lit de camp du poste du
Château-d'Eau? — Oui, Monsieur, mais j'aurai à
cet égard une déclaration à faire, je la ferai plus
tard.

M. le président : faites-la immédiatement.

Fieschi : quand on m'amena au poste, un garde
national me donna un coup de poing dans le dos, je
n'étais pas d'humeur à souffrir qu'on me battît. Je
me rappelai que j'avais un poignard, mais je me dis :
que vas-tu faire encore! c'est alors que je jetai le
poignard.

D. N'aviez-vous pas emprunté une scie au sieur
Pérol locataire de la maison?

R. Je ne me rappelle plus son nom.

D. Je vous fais représenter le martinet, les canons
de fusils et le poignard, les reconnaissez-vous?

R. Oui, Monsieur.

D. Je vous fais représenter une gravure trouvée
dans votre chambre et représentant le duc de Bor-
deaux, la reconnaissez vous? et pourquoi aviez-vous
cette gravure?

R. Comme je pensais bien que si je réussissais on
ne manquerait pas de l'imputer au parti républicain,

dont je faisais partie, j'ai voulu donner le change en plaçant une gravure qui représentait le parti carliste.

D. Ou aviez-vous acheté cette gravure.

R. Dans une petite rue près la place des Victoires.

D. Le 28 juillet un grand nombre de personnes ont péri! vous connaissez le nombre de personnes que vous avez immolées... Quelque affreuse qui ait été la conséquence de votre crime, le Roi, sur le front duquel ont sillonné les balles, n'en est-il pas le but? ou en d'autres termes votre intention n'était-elle pas en mettant le feu à votre machine de tuer le Roi et les princes ses fils, qui l'accompagnaient?

R. Oui, M. le président. Quand j'ai parlé de la machine à mes complices, c'est pour se défaire du Roi qu'ils m'ont conseillé d'en faire usage. Le jour de l'évènement tout avait été préparé à ce sujet; les canons étaient placés et ajustés, ils l'avaient été la veille; lorsque le Roi est passé sur la chaussée, j'ai mis le feu à la traînée, mais il m'était impossible de voir ou portaient les coups, quand même je n'aurais pas été blessé.

M. le président : quelles sont les causes qui vous ont porté à commettre ce crime.

Fieschi : je prierai la cour de pardonner à mon langage. Je n'ai pas appris la langue française. Je sais la langue italienne, mais la langue française ne m'est pas familière. Je ferai de mon mieux pour m'expliquer.

Fieschi raconte sa condamnation à Naples, lorsqu'il fit partie de l'expédition de Murat, son renvoi en France, son jugement par les assises de Draguignan, son arrivée à Paris où pendant quelque temps il fût heureux. Mais une femme avec laquelle il vivait, le mit à la porte. Je me trouvai sans avoir deux sous pour me faire raser, pas d'endroit pour reposer ma tête, pas de pain. J'étais désespéré. C'est alors qu'un homme généreux m'ouvrit sa porte et sa bourse. Je me présentai ensuite à M. Baude par dévoue-ment ; mais il rit de mes offres. Je me trouvai de nouveau sur le pavé. C'est alors que je m'engageai dans mon projet. Une fois engagé, je ne pus plus reculer. Il fallait tenir ma parole. Mais depuis que j'ai vu la lâcheté de mes complices, je me suis repenti en me disant qu'ils n'étaient pas dignes d'avoir un complice comme moi. Le coup est fait. Me voilà près de l'échafaud. Je boirai le calice jusqu'à la lie.

M. le président : avez-vous fait partie de quelque société publique ? — Jamais, M. le président.

M. le président : vous fréquentiez des individus qui en faisaient partie ? — Pendant long-temps je me suis bien conduit. Voyez ma conduite avec M. Lad-vocat, avec M. Baude, avec le respectable M. Cau-nes. Je ne fréquentais pas de jeunes gens alors. De-puis j'en ai vu fort peu.

M. le président : à quelle époque avez-vous eu la première pensée de votre funeste projet. — En dé-cembre 1833, en janvier 1834.

M. le président : comment cette idée vous est-elle venue ? — Ayant été militaire, ayant appris l'exercice et la théorie je me disais : si tu étais dans une forte-resse et qu'une épidémie t'enlevait tous tes hommes que ferais-tu ? Je pensai alors à mettre tous les fusils de mes soldats en batterie de manière à me défendre seul. C'est ainsi que je fus amené à faire mon plan. C'est alors que Morey me dit : mais cela pourrait servir pour Louis-Philippe. Plus tard nous montâmes le coup ensemble.

Sur les interpellations de M. le président, Fieschi raconte ses relations avec Morey. Il parle encore de M. Ladvocat auquel il avait mis une grande amitié et une reconnaissance sans bornes.

Fieschi donne ensuite le détail de ses relations avec Pépin, il raconte l'entrevue de ce dernier avec le prince de Rohan. Cette partie de l'interrogatoire n'offre rien de remarquable.

D. Dans le mois d'avril, Pepin ne vous parla-t-il pas de la machine, et ne vous dit-il pas qu'il fallait s'en occuper?

R. Oui, monsieur, je calmai son impatience en lui disant qu'il ne fallait que quinze jours pour la construire. Mais le 1er. mai arriva sans qu'il y eût revue; on renvoya alors au mois de juillet. Ce fut alors que Pepin me parla encore de Cavaignac; il me dit qu'il lui écrirait pour lui demander des fusils, et que Cavaignac les lui avait promis; plus tard il me dit que Cavaignac préférait les garder pour lui; je lui dis alors, car je dis toute la vérité, je lui dis moi-même : s'il ne nous donne pas les fusils, nous pourrons nous en passer et les remplacer par des canons de fusil; nous en trouverons deux d'un côté et deux de l'autre; mais plus tard, je les trouvai tous dans le même endroit. Pepin me dit qu'il écrirait à Cavaignac. Je me rappelle que je dis à Pepin ; Mais comment donc avez-vous pu écrire à Cavaignac pour lui parler de fusils sans plus de précautions? Il me répondit : Oh! je lui ai demandé 25 *francs*, et il saura bien de quoi il s'agit. Mon opinion bien formelle sur ce fait est que Pepin avait tout avoué à Cavaignac, et qu'il lui avait dit que tout se préparait pour l'attentat du 28.

Il est six heures, l'audience est levée et renvoyée à demain midi.

AUDIENCE DU DIMANCHE 31 JANVIER.

Les portes ont été ouvertes à 11 heures au public. L'affluence est encore plus nombreuse qu'hier; l'enceinte réservée au barreau est garnie aux deux côtés latéraux, de bancs qui sont occupés longtemps avant l'ouverture par une foule de nouveaux protégés. Dans l'enceinte des accusés, on a placé un fauteuil qui sans doute est destiné à Morey, vu son état maladif. Les tribunes des témoins sont aussi occupés par un grand nombre de curieux étrangers aux débats; c'est ce qui fait croire que l'audition des témoins ne commencera pas aujourd'hui, ou au moins ne commencera qu'a une heure fort avancée.

La machine infernale est toujours gardée par un sous-officier des vétérans.

Le bureau des avocats est occupé, outre les conseils, par un grand nombre d'avocats étrangers à la défense; nous remarquons parmis aux M es Daloz aîné, Benoist (de Versailles) et M.e Ledru-Rollin.

A midi 1|4 les accusés sont introduits, Morey occupe le fauteuil placé à leur banc. Fieschi fait un grand nombre de salutations de tous côtés, puis tire une boîte de pastilles de sa poche et en offre, avec beaucoup d'aisance, aux avocats qui sont devant lui. A midi 1|2 la cour entre en audience, tous les accusés se lèvent, axcepté Morey.

Le secrétaire des archives procéde à l'appel nominal; tous les membres sont présens.

M. le procureur général Martin (du Nord) et M. Franck-Carré, avocat général, occupent le bureau du ministère public.

Suite de l'interrogatoire de Fieschi :

M. le président interroge Fieschi sur la manière dont il s'est procuré les canons.

Fieschi : Pepin s'est adressé à Cavaignac qui était à Ste-Pélagie. C'était, disait-on, un homme pur, un homme vertueux dans ce temps-ci on met la vertu par... *par tas*. Je demandais des canons de carabine pour pouvoir les entrer plus facilement, mais Cavaignac ne put pas les fournir.

M. le président : pourquoi Pepin s'adressait-il à Cavaignac.

Fieschi : je n'en sais rien, mais je crois que c'est parce que Cavaignac lui devait de l'argent.

M. le président insiste pour savoir quel motif avait Pepin pour s'adresser à Cavaignac.

Fieschi déclare qu'il n'en savait rien. — M. le président insiste , Fieschi déclare de nouveau qu'il ne peut donner ce motif.

M. le président : comment se fait-il que votre projet ait été connu d'avance dans les prisons et ailleurs ?

Fieschi : je conspirais avec Morey et Pepin ; mais j'étais tout petit auprès de Pepin , parce qu'il faisait sonner les pièces de cent sous. Je sais bien que les individus qui étaient dans les prisons faisaient les insolents , qu'ils disaient aux gardiens : vous serez pendus et qu'ils leur montraient même la corde. Quand un homme est captif et qu'il n'a plus d'espoir, il ne se conduit pas ainsi. S'ils s'étaient tous cru perdus comme je le suis ils se seraient tenus tranquilles. Comment se fait-il que dans les prisons, dans tous les départemens, en Piémont, en Hollande, à l'étranger aussi bien que dans notre pays on ait su d'avance qu'il arriverait quelque chose en juillet ?

Pepin a fait un voyage avant l'évènement. Il disait qu'il allait faire un voyage dans sa famille, mais il allait peut-être faire des démarches pour que tout fût prêt en cas de succès.

Supposons que j'eusse réussi dans cet infâme attentat. Le Roi et les princes ses fils auraient été tués , mais ils serait bien resté pour miracle quelque enfant de la famille. Le gouvernement se serait bien défendu, s'il n'y eut eu que M. Morey, M. Pepin et moi pour conspirer. Il y avait 250 mille hommes sous les armes. J'étais donc tout seul contre 250 mille hommes , mais je ne le crois pas ; tout était préparé. Les armes et la poudre étaient achetées sans doute. On aurait profité de ce que j'aurais fait.

Aujourd'hui s'est une affaire faite. Je suis fâché de ne pas avoir dit cela plutôt, car vous auriez pu vérifier si Pepin n'a pas fait un voyage pour tout préparer ; mais mon opinion est que c'est lui qui avait dit dans les prisons qu'il y aurait quelque chose et qu'il faisait parler les journaux de Paris, des départemens et même de l'étranger pour que tout fût prêt dans la circonstance.

J'ai eu la scélératesse de faire le coup, mais je ne crois pas que nous fussions seulement nos trois. On le savait (s'animant et croisant ses bras.) Comment pourrait-il se faire que la chose se soit su dans tous les départemens, en Piémont, en Hollande et ailleurs, si on ne l'avait pas dite et pourquoi l'aurait-on dite si ce n'était pas pour se mettre en mesure? Mon opinion est encore un coup que tout était prêt et que c'est Pepin qui s'était arrangé pour que la chose fût bien connue.

M. le président : comment se fait-il?

Fieschi : pardon, M. le président, je n'ai pas fini, vous avez dit tout à l'heure que je devais avoir reçu de l'argent. Je suis incapable de faire une pareille chose pour de l'argent. Je l'aurais faite pour de l'honneur. Ce n'est cependant pas de l'honneur que j'y ai gagné. Quand on me donna la croix, c'était de l'honneur alors, je l'avais gagnée sur les champs de bataille. A la bonne heure. Mais pour cette machine ce n'est pas honorable pour moi. Dans mille ans on dira encore : « Fieschi était un infâme assassin. » Je ne veux pas qu'on croie que j'ai agi pour de l'argent. On a payé les frais; mais il n'y a rien eu pour moi ou du moins peu de chose. Je n'avais jamais plus de 12 à 15 fr. à moi. Quand on m'a arrêté j'avais 7 fr. 7 sous et 3 liards et je devais 3 fr. 6 s à ma blanchisseuse, 3 fr. à mon marchand de charbon. Je n'étais pas comme vous le voyez très riche.

Sur l'interpellation de M. le président, Fieschi déclare que Pepin et Morey s'étaient partagé les frais qu'ils ont fait leur compte et que Morey s'étant trouvé débiteur de 5o fr. fit un billet de pareille somme à Pépin,

L'accusé entre dans quelques détails sur les frais de la machine, le prix des canons, du bois, de la poudre, des balles. Il résulte de ses dires que Pépin se faisait rendre compte de la dépense et qu'il se montrait soupçonneux. Il avait toujours peur d'être trompé.

D. Vous avez dit que lorsque Pépin ne trouvait pas de fusils, il vous était venu la pensée d'y substituer des canons. N'êtes-vous pas allé à ce sujet chez un armurier du quai de la Mégisserie ?

R. Je sais que c'est du côté du Pont-neuf, mais l'armurier m'ayant dit qu'il n'avait pas mon affaire, m'envoya chez un de ses confrères rue de l'Arbre-sec ; celui-ci me procura ce qu'il me fallait, il m'en aurait donné cent si j'avais voulu, il me donna même un petit pistolet par-dessus le marché.

D. Où avez-vous acheté la malle?

R. Au Temple? D. Quel jour? R. Ce fût le jour que j'achetai les canons.

D. Étiez-vous seul? R. Non, Morey était avec moi. Je n'avais pas voulu l'acheter seul car je ne voulais pas qu'on crût que je la faisais payer plus cher qu'elle me coûtait.

D. Combien l'avez-vous payée?

R. Onze ou douze francs.

M. le président lui fait montrer la malle qui est parmi le pièces à conviction.

D. Est-ce bien là la malle?

R. Oui, Monsieur.

D. N'avez-vous pas dit que vous vouliez que la malle n'eût que 42 pouces ?

R. Oui, Monsieur, c'était pour que les canons ne fissent pas de bruit, se trouvant de la même longueur que la malle.

D. Le petit pistolet que vous aviez eu chez ce même armurier, ne l'avez-vous pas donné à Boireau?

R. Oui, Monsieur.

D. Pourquoi lui avez-vous donné ce pistolet?

R. J'étais un jour à me promener sur le boulevard, je rencontrai Boireau qui vit ce pistolet que je portais sur moi, il se plaignit de n'avoir pas d'armes, je lui dis, en tirant ce pistolet de ma poche : tiens en voici, maintenant tu ne te plaindras plus.

D. Ne lui auriez-vous pas donné plutôt par suite

d'une confidence que vous lui auriez faite de votre projet.

R. Comment vouliez-vous que je donnasse ce pistolet à Boireau par suite de la confidence de mon projet ?... Mais il ne l'a connu que le 27 juillet, et je vous l'atteste ici.

D. Après avoir acheté les canons ne vous êtes-vous pas aperçu qu'il y en avait qui n'étaient pas percés ? R. Oui, Monsieur.

D. Pourquoi ne l'avez vous pas fait remarquer à l'armurier, et pourquoi ne les lui avez-vous pas fait percer ?

R. (Avec vivacité) je n'ai pris garde! ne comprenez-vous pas bien qu'il aurait pu profiter du temps que lui aurait demandé ce nouveau travail, pour instruire la police de cette vente un peu extraordinaire, et qu'il aurait pu me faire plumer !

D. Le 25 juillet n'avez-vous pas porté chez un menuisier de la rue de Crusson, un bois de chêne pour faire changer une membrière conformément au modèle que vous lui avez remis ?

R. Oui, Monsieur, c'était pour l'échancrer d'avantage, afin que les canons soient solides étant posés.

D. Le lendemain n'êtes-vous pas retourné chez lui pour le presser de finir !

R. Je ne sais pas si c'est le lendemain, mais je sais que j'y suis allé quatre ou cinq fois, car il me tardait de l'avoir.

Fieschi entre ensuite dans de longs détails sur l'expérience de la traînée de poudre qui s'est faite dans la plaine de Montreuil, ces détails sont conformes en tous points à ceux de l'acte d'accusation.

M. le président adresse à Fieschi une question relative aux trois femmes qui le fréquentaient.

Fieschi : parmi les trois il y en avait une qui m'était chère, c'était la petite Nina Lassave. Le frère à Nina qui était à Lyon m'adressa sa maîtresse pour lui

procurer de l'ouvrage. C'était une bonne recomman-
dation pour moi car le frère à la petite Nina était mon
intime ami. Je *m'occupa* aussitôt de lui trouver de
l'ouvrage et je lui *preta* cinq francs pour l'aider à
vivre.

Plus tard, comme je ne pouvais parvenir à lui
faire gagner sa vie, je la pris chez moi. Elle partagea
mon logement, mais je la *respecta*, car elle était la
maîtresse de mon ami. Pendant tout le temps qu'elle
resta dans mon logement, elle fut pour moi un homme,
j'en lève la main. Dans cette circonstance ma raison
fut plus forte que mes passions.

Ma maîtresse était la petite Nina. Je l'aimais beaucoup. Il ne faut pas dire que j'avais trois maîtresses.
Dans mes opinions quand on a une femme on en a
moitié trop, ce qui ne veut pas dire que pour moi
j'en ai jamais trop; mais j'affirme que la petite Nina
était seule ma maîtresse. J'aimais beaucoup cette enfant. Je l'avais vue naître. C'est moi qui l'avais élevée et instruite, je lui avais donné des principes. Cela
vous surprend peut-être, car j'avais besoin moi-même d'en recevoir. Mais je l'aimais beaucoup et je ne
l'aurais pas abandonnée. Les autres je les protégeais,
voilà tout. Je répondais de sa maîtresse au frère de
Nina. Je ne voulais pas qu'elle s'égarat et qu'elle allât
se perdre dans de mauvais lieux.

Nina était ma maîtresse, elle venait me voir tous
les huit jours. Je l'aimais beaucoup.

M. le président: vous receviez cependant les deux
autres.

Fieschi : certainement, M le président, mais par
les raisons que j'ai eu l'honneur de vous dire.

M. le président : il n'y avait pas d'autre raison?

R. Non.

D. N'alliez-vous pas avec l'une de ces femmes
par raison politiques ?

R. Que voulez-vous qu'on dise de politique a une
femme! elles n'y entendent rien.

D. Vous en aviez une à laquelle vous étiez cependant plus attaché qu'aux autres ; ne l'avez-vous pas présentée à Pepin ?

R. Oui monsieur.

D. Ne lui aviez-vous pas confié votre projet à cette femme ?

R. Non M. la femme que j'ai présentée à Pepin, c'est la petite Nina Lassave, qu'il ne connaissait pas; Morey seulement la connaissait, et comme alors j'étais poursuivi par la police je craignais qu'elle ne fût sur mes traces ; quoi que je pensais bien pouvoir la détourner encore longtemps, je n'en craignis pas moins d'être arrêté, ce fut dans ces circonstances que je recommandai la *petite* à Morey ; il me répondit que je n'avais pas besoin d'avoir d'inquiétude que dans le cas où je serais arrêté avant d'avoir fait partir la machine, qu'il se chargeait de la faire partir, que quant à Nina elle ne manquerait de rien, que lui et Pepin pourvoiraient à sa subsistance.

D. La fille Nina n'était-elle pas connue de Boireau ?

R. Oui monsieur, mais je ne crois pas que la petite l'ait connu.

D. Depuis combien de temps connaissez-vous Boireau ?

R. Depuis septembre 1834.

D. N'alliez vous pas voir souvent Boireau à son atelier, et n'avez-vous pas couché souvent chez lui ?

R. Lorsque j'ai vu Boireau le plus souvent, ce fut à la fabrique de M. Lessage.

D. Le jeudi 23 juillet, n'êtes vous pas venu demander à coucher à Boireau ?

R. Oui mais la principale locataire a dit qu'il était trop tard et n'a pas voulu me laisser monter.

Sur l'interpellation de M. le président, Fieschi déclare qu'aucune autre personne que Boireau n'est monté chez lui.

M. le président : Boireau n'a-t-il pas dit qu'il avait tiré au sort pour tuer le Roi.

Fieschi : oui, mais il quittait sa maîtresse, une maîtresse pour Boireau c'est une bouteille, il jase quand il vient de la quitter. Ce pourrait bien avoir été une vanterie.

m. le président : ne vous a-t-il pas parlé d'un complot contre le roi formé par ses amis.

Fieschi : il compte ses amis par douzaine, ce n'est pas comme moi qui suis avare de mon intime ! Tout le monde est de ses amis.

m. le président : mais il vous a parlé de ce complot.

Fieschi : oui il m'en a parlé. Il me disait que le chef était un homme de 5o ans qui faisait tout mouvoir. Il m'a dit encore que cinq de ses amis avaient été arrêtés rue Montorgueil. Je ne croyais pas à tout ce qu'il disait.

m. le président : adresse encore quelques autres questions analogues auxquelles l'accusé répond qu'il n'attachait aucune importance à ce que disait Boireau.

M. le président : n'avez-vous pas reçu de l'argent pour faire ce que vous avez fait ?

Fieschi : moi ! nullement. Je n'ai rien eu pour moi. Je gagnais ma vie.

M. le président : mais ceux qui vous ont donné l'idée de votre attentat ont dû vous payer.

Fieschi : depuis que je *souis été* soldat, un rien me suffit, un peu de soupe et du bouilli voilà tout. Je gagnais ma vie. J'ai peut-être reçu en tout 4o fr. de ces messieurs.

M. le président : mais il est difficile de croire que vous avez voulu accomplir votre projet seulement parce que vous avez cru votre honneur engagé.

Fieschi : je demande pardon à la cour de m'expliquer mal. Je parle ici devant la France et l'univers. J'avais fait serment je devais le tenir. Un serment n'est pas pour moi comme pour ceux-ci qui en font des serments autant qu'il y en a dans une vigne. Or il y a beaucoup de serments dans une vigne, mais moi quand j'en fais, je les tiens.

M. le président : Que deviez vous faire après l'é-
vènement ?

Fieschi : Morey me dit nous briserons les télégra-
phes, nous mettrons le feu aux granges de la Ban-
lieue. Tous les gardes nationaux quitteront leurs
rangs pour venir défendre leurs propriétés, et nous
serons maîtres de la ville. Louis Philippe et ses fils
seront tués, le gouvernement sera renversé.

D. Ne vous êtes vous pas entendu avec Morey et
Pepin, sur les moyens à prendre dans le cas ou votre
attentat réussirait.

R. Je ferai à cette question, la part de chacun.
J'avais aussi à me plaindre du gouvernement. ainsi
donc il faut faire la part de chacun, et je ne puis
pas dire dans cette cirsconstance que je n'avais pas
quelque reproche à lui faire, car sans cela je n'aurais pas pu me décider à commettre mon attentat ;
Morey et Pepin sont mes complices et rien de plus.
Il n'en est pas moins vrai qu'on agitait la question
entre nous trois, de savoir ce qu'on ferait aussitôt
après le succès. Morey me dit même un jour : Une
fois que nous serons vainqueurs, que ferons nous ?
je veux, disait-il, d'un gouvernement où tout le
monde soit heureux !.... je lui répondis : Vous vous
arrangerez comme vous voudrez ; le passé n'est plus
devant nous, comptons sur le présent, l'avenir appartient à Dieu....

Je vous demande s'il est possible que tout le monde soit heureux dans un gouvernement où il y a des
voleurs, des ivrognes, des paresseux, enfin des gens
de toutes façons !!... Mais revenons à Pepin, car lui
aussi parlait de ses projets, mais ils n'étaient pas tous
conformes à ceux de Morey ; c'est ce qui fait qu'il y
avait quelques fois un peu de discussion, Pepin me
disait : Il faut qu'il ne reste plus aucune trace de la
monarchie en France ; il faut que les têtes de tous
ceux qui n'en seront pas détachés, *roulent comme
les pavés dans les rues.* Je lui répondis que je ne

pensais pas comme lui, que chez nous (Corses) il arrivait quelques fois qu'on tuat un homme par vengeance, mais jamais la moitié d'une nation !

Fieschi déclare de nouveau qu'il n'a d'autres complices que Morey et Pepin, et qu'il n'est pas un homme d'argent.

M. le président : Vous vous êtes quelquefois entretenu avec un complice des ravages probables de votre machine ?

Fieschi : Non M. le président, mais j'ai fait ces réflexions là en moi-même. Si nous avions parlé ensemble des résultats de ce que nous allions faire, nous aurions reculé devant une telle entreprise.

M. le président avec solemnité: Accusé réfléchissez à la gravité de vos déclarations. Vous attirez sur des hommes assis sur le même banc que vous, toutes les rigueurs de la loi. Pesez bien vos paroles et considérez-en les conséquences. Persistez-vous dans ce que vous avez dit contre Pepin et Morey ?

Fieschi, en levant la main : Oui, M. le président.

M. le président : Persistez-vous également dans ce que vous avez dit de vous-même ? Rétractez-vous quelques uns de vos aveux ?

Fieschi levant les deux mains au ciel : je ne rétracte rien, M. le président, j'ai dit la vérité. J'en jure par le tombeau de mon père. (Mouvement).

M. le président : L'audience est suspendue. (Il est 3 heures 1|2.

Interrogatoire de Morey.

A la reprise de l'audience ont procède à l'interrogatoire de l'accusé Morey ; celui-ci se renferme dans un système complet de dénégation. Sa voix est si faible que M. le greffier Léon de la Chauvinière est obligé de transmettre ses réponses à la cour.

M. le président récapitule les charges portées contre Morey, et qui résultent en grande partie des dépositions précédentes de Fieschi : il demande ensuite au premier de ces accusés s il persévère dans ses dénégations, à l'autre s'il maintient ses déclarations ; ils répondent tous deux affirmativement.

L'audience est levée à 6 heures.

SÉANCE DU 1.er FÉVRIER.

Interrogatoire de Pepin.

(Fieschi a aujourd'hui, une emplâtre à la cicatrice gauche de la tête.)

M. le président : accusé Pepin, levez-vous ! ...... N'étiez-vous pas membre de plusieurs sociétés populaires, et entr'autres chef de la section *Rome* de la société des Droits de l'Homme dans le 12.e arrondissement, en 1832 ?

R. M. le président : il y a erreur dans la date. J'ai fait parti de plusieurs sociétés, mais ce n'est qu'après avoir quitté mon domicile du faubourg Saint-Antoine, pour aller demeurer dans la rue du marché aux chevaux.

D. Ne vous êtes-vous pas servi de permissions qui vous avaient été délivrées sous un nom supposé, pour visiter des prisonniers politiques à Ste-Pélagie;

R. Une seule fois.

D. Ne connaissez-vous pas particulièrement *Cavaignac* ?

R. Particulièrement ce n'est pas le mot.

D. Ne l'avez-vous pas visité plusieurs fois ?

R. Je ne l'ai visité que deux fois.

D. Ne l'avez-vous pas visité avec une permission qui avait été délivrée à **M**. Leconte ?

R. Oui monsieur.

D. N'était il pas votre débiteur d'une somme de 500 fr.

R. Oui monsieur.

D. Pour quel objet lui avez-vous prêté cette somme?

R. Il me l'avait demandée pour secourir des détenus politiques.

D. Il vous avait donc souscrit un billet pour de l'argent qui ne lui était pas personnel?

R. Oui monsieur.

Sur la question qui lui est faite par M. le président, Pepin nie avoir connu particulièrement Guinard et B. Fontaine.

Interrogé sur ses relations avec un nommé Pagnon auquel il ouvrait sa bourse, Pepin répond que Pagnon ayant envoyé plusieurs fois chez lui pour avoir une somme de 100 fr. Mme. Pepin condescendit à prêter 50 fr. Il répond en outre qu'il a obligé des hommes de toutes les opinions, excepté peut-être de l'opinion légitimiste. Pepin nie avoir donné asyle à aucun homme qui se cachait excepté cependant à monsieur, monsieur, mon co-accusé, M. Fieschi.

Pepin nie avoir fait imprimer des protestations et les avoir données à Fieschi pour les faire signer. Celui-ci soutient qu'il a vu les imprimés; mais qu'il n'a pas voulu les faire signer, qu'il ne connaissait personne dans la garde nationale.

D. Connaissez-vous Morey?

R. Oui M. le président.

D. Comment avez-vous fait sa connaisance?

R. Nous étions voisins.

D. Vous connaissez ses opinions exaltées?

R. Je ne lui ai jamais connu d'opinions exaltées.

L'accusé avoue que Morey a dîné une fois chez lui et qu'il a dîné chez Morey. Il ne connaissait pas Boireau non plus que Rolland.

D. N'avez-vous pas fait un voyage avec Morey quelque temps avant l'attentat?

R. Je n'ai pas fait de voyage avec Morey.

D. Vous avez entendu ce qu'a dit Fieschi hier à ce sujet.

R. J'ai fait un voyage dans ma famille vers la fin de juillet ou environ. Je suis resté une dixaine de jours dans un village à 30 lieues de Paris ou mon père a été pendant 30 ans maire ou adjoint. L'accusé

4

indique les personnes chez lesquelles il est descendu
et les lieux qu'il a parcourus.

Morey nie avoir fait ce voyage avec Pepin. Fieschi
déclare qu'il n'a pas voulu dire hier que Morey eût
fait le voyage avec Pepin, mais qu'il lui a fait la
conduite.

M. le président donne lecture à Fieschi d'une partie de la déclaration qu'il a faite hier relativement à
la conversation qu'il aurait eue avec Morey et Pepin
sur ce qui serait arrivé dans le cas où le Roi aurait
été tué.

Fieschi : Je ne cherche pas à blanchir mon affaire.
Ce que j'ai dit, c'est la vérité.

Pépin donne des renseignemens sur son voyage et
indique des personnes honorables qui peuvent déposer de ces faits.

L'accusé rend compte de l'emploi de sa matinée
le 28 juillet. Il a vaqué à ses affaires et n'a pas paru
à la revue parce que depuis les évènemens de juin il
était mal vu dans sa compagnie.

M. le président : Pourquoi vous êtes-vous caché
après l'évènement ?

L'accusé explique qu'il était soupçonné de prendre
part à tous les mouvemens politiques, toujours en but
aux recherches de la police, menacé par ses ennemis,
circonvenu par de prétendus amis, et que pour éviter les désagrémens d'une arrestation préventive il
avait songé à se mettre à l'abri pour quelque temps.

Pépin nie avoir dit à Fieschi : il y a des gens qui
se font condamner aux galéres pour un billet de 1000
fr. , on ne trouve personne qui pour le double nous
débarrassera de Louis-Philippe !

Fieschi soutient que le propos a été tenu. Pepin a
dit tout à l'heure qu'il m'avait secouru parce que je
suis patriote. Qu'est-ce donc qu'un patriote, si moi
l'assassin je suis patriote. Je voulais faire cette observation à la cour, parce que je ne crois pas qu'on
soit patriote. (Les idées de l'accusé s'obscurcissent.
Il fait une phrase inintelligible.)

Pepin avoue le dîner qui a eu lieu chez lui. Fieschi n'a pas assisté à ce dîner. On dînait dans la chambre à côté de celle où couchait M. Fieschi. En montant se coucher, il a pu paraître dans la chambre vers la fin du dîner.

L'accusé nie qu'une conversation ait eu lieu à ce dîner sur ce qui arriverait dans le cas où le Roi et sa famille viendraient à périr.

Interrogé sur les circonstances de ce dîner, Pepin dit que M. Levaillant, député, est un homme sans cérémonie, qui a fait les honneurs de la table.

Fieschi : je vais vous dire ce que M. Levaillant a dit : M. Mauguin ne travaille pas, mais s'il travaillait ce serait le premier homme de la chambre. M. Odillon-Barrot ne travaille pas non plus, mais il est toujours prêt à répondre M. Levaillant parla encore de M. Berryer, de M. Thiers et d'autres. C'est ensuite que M. Remot dit à M. Levaillant : « le Roi est mort vive le Roi. » Mais, continua M. Remot, si un tonnerre, un tremblement, une épidémie enlevait toute la famille. « Laissons bouillir le mouton, répondit M. Levaillant, »

L'accusé indique quelques autres circonstances du dîner et affirme qu'il dit la vérité.

Fieschi se lève de nouveau et soutient que Pepin ne dit pas la vérité.

M. le président : Fieschi a donné de votre maison et de son logement une description minutieuse. S'il n'y avait couché qu'une ou deux fois, il n'aurait pas donné autant de détails.

Pepin : Ma maison se ressemble du premier au dernier étage ; qui en voit un les voit tous. Il a pu suffire à Fieschi d'y entrer une fois. Il est acquis maintenant que Fieschi n'est pas venu aussi souvent chez moi qu'il voudrait bien le dire.

Fieschi : Les œuvres de St.-Just que Pepin dit que je lui ai offert, c'est moi qui les ai remis à Pepin pour 54 sous. — Un instant. — Il prétend que sa maison se ressemble d'un étage à l'autre. Il paraît qu'il ne connaît pas bien la géométrie. A moi observateur il n'est pas nécessaire d'aller plusieurs fois dans un lieu pour le connaître. Si j'entre une seule fois dans une maison, j'en pourrais faire le plan, quand je serais à 100 lieues. On m'a demandé un renseignement sur une distance, j'ai dit de mémoire et trois mois après : il y a 150 pas. Vérification faite par les magistrats, il s'en est trouvé 149.

Pepin nie être allé avec Fieschi acheter le bois de la machine; il nie également être allé chez le menuisier pour faire façonner ce bois et avoir fait des démarches pour se procurer des fusils. Fieschi persiste.

D. N'êtes-vous pas allé un jour avec Fieschi et Morey, dans la plaine de Montreuil pour faire l'expérience d'une traînée de poudre.

R. Cette question n'est pas probable; mon père était grand chasseur, je chasse moi-même depuis mon enfance, je connais donc l'effet de la poudre... En supposant le fait vrai, je n'aurais pas été me déranger de mes affaires... dans un... pour faire une expérience pareille.

D. A la suite de cette expérience, n'êtes-vous pas allé déjeuner à la barrière de Montreuil ?

R. Non, monsieur.

Fieschi soutient le fait. Pepin oppose à son affirmation une contradiction qui existe dans ses premiers interrogatoires.

Fieschi répond : Si j'avais fait ma déclaration tout de suite, le parti qui est contre le gouvernement aurait dit que je n'avais pas ma raison, car on m'a retiré 24 morceaux d'os de la tête : avant d'être rétabli, *j'amusais le tapis*, et une fois rétabli, j'ai dit la vérité, parce qu'on ne peut pas dire que je n'ai pas ma raison.

M. le président : interroge ensuite Pepin sur le crédit que Fieschi avait chez lui. Celui-ci répond que c'était pour des marchandises qu'il lui avait fournies.

D. L'individu que Morey vous avait présenté, l'avez vous vu chez ce dernier?

R. Oui monsieur.

D. Sous quel nom Morey vous l'a-t-il présenté ?

R. Je crois que c'est sous le nom de Bescher.

D. Ne vous l'a-t-il pas présenté aussi sous un autre nom ?

R. Non, monsieur.

D. Cependant il résulte que Morey vous a présenté cet individu sous les noms de Bescher, Fieschi.

R. Je ne connaissais cet individu que sous le nom de Bescher.

M. le président : Fieschi persistez-vous à dire que Pepin vous connaissait sous votre nom véritable ?

Fieschi : Oui M. le président. Je demande pardon à la cour, j'ai une petite observation à lui faire ; je n'avais pas parlé à M. le président dans mon interrogatoire du voyage de Pepin ; mais je puis le prouver, il me dit que son père était sur le *qui vive* parce que la police était à sa recherche. Quant à ce rassemblement qui était chez lui il ne dit pas tout ; c'était des peintres qui regardaient un portrait qu'avait fait Pépin, c'était une *poire*, il me la fit voir et me dit : Voyez on peint Louis-Philippe en *poire*. Je lui répondis : *Oui mais on ne lui fait pas la queue.*

M. le président à Pepin : Morey ne vous a-t il pas montré le plan d'une machine de guerre inventée par Fieschi, et destinée à tuer le Roi.

Pepin : Fieschi avait dit d'abord qu'il m'avait montré le plan de sa machine. Confronté avec moi il dit qu'il l'avait montré à Morey et que plus tard celui-ci me l'avait montré à moi-même. Il est bien évident que M. Fieschi a commis une erreur.

Fieschi persiste à soutenir qu'il a montré à Pepin et à Morey le plan de sa machine.

L'accusé rend compte de l'hospitalité qu'il a donnée à Fieschi.

Pepin : j'ai autorisé mon épouse à ouvrir un faible

crédit à Fieschi comme étant malheureux et patriote.

Pepin reconnaît plusieurs livres saisis chez lui et qui lui sont représentés.

M. le président : Sur un de ces livres on lit la mention des diverses fournitures dues par le barbouilleur ou l'ami de Morey. — R. Je n'ai jamais nié avoir ouvert un crédit à Fieschi.

M. le président donne lecture de ces divers articles de crédit. — Pepin. Je crois que cela est exact.

D. Sur le haut de la couverture d'un de ces livres, on lit : Bescher, 150 » | — 218 50.
Plus bois, loyer, 68 50 |

Ces lignes sont encore lisibles, bien que raturées. Pepin. Elles sont de mon écriture.

D. Avez-vous remis ces sommes à Fieschi? — Non, monsieur, la preuve que je ne les ai pas remises, c'est qu'elles ne sont pas portées à son débit dans son compte.

D. Cela est pourtant écrit? — Oui, monsieur, il est possible que Fieschi m'ayant demandé cette somme, je l'ai écrite comme cela pour m'en souvenir et comme simple note.

D. Cela se trouve pourtant d'accord avec des notes du carnet de Fieschi ; un négociant n'écrit pas sur ses registres des projets d'emprunt? — Il est possible, je le répète, que Fieschi m'ait demandé cette somme.

D. Quand un individu vous demande de l'argent à emprunter et qu'on ne lui donne pas, on ne l'écrit pas sur ses livres? — Si j'avais fait le prêt on trouverait la somme reportée dans l'intérieur du livre.

D. Pourquoi l'aviez-vous écrite une fois? — Ce livre était destiné à prendre des adresses, il est possible que j'aie écrit cela pour m'en souvenir ; cela répond à la question que M. le président *a eu l'honneur* de m'adresser.

D. Comme ce n'était pas une affaire de votre commerce, vous l'aviez peut-être inscrite là comme simple souvenir. — Je n'ai jamais prêté cette somme à Fieschi.

Pepin entre dans de longs détails sur des erreurs qu'il prétend avoir été faites par Fieschi. Il vous fait comme ça, dit-il, des erreurs avec un calme parfait.

D. Je dois vous faire observer que si Fieschi a fait quelques erreurs sur des faits de peu d'importance, il est un fait au moins sur lequel sa véracité a été confirmée : vos registres n'étaient pas encore saisis lorsque Fieschi en a donné la désignation, lorsqu'il a indiqué l'endroit ou cette somme était inscrite.

R. Mais, M. le président, je ne sais pas...; mais il a une meilleure mémoire que moi... Il a pu se rappeler mes registres comme ça, se rappeler comme ça que j'avais écrit sa demande.

M. le président récapitule les charges accumulées par l'instruction sur Pepin.

Pepin. Je persiste à nier tous ces faits.

D. Je dois vous rappeler qu'il est une circonstance dans laquelle Fieschi vous avait fait des ouvertures d'un crime, que répondez vous? — Il me parlait de vengeance contre le gouvernement, c'est à cette occasion que je lui ai interdit ma maison.

D. Vous avez dit que vous aviez parlé de cela à une dame. — Oui, monsieur. — Pouvez-vous dire le nom de cette dame? — Je ne m'en souviens pas.

D. Cette déclaration d'une confidence faite à une Dame a été spontanée de votre part; comment se fait-il que vous ne vous rappeliez pas son nom? — Je suis interrogé depuis six heures; je prie la cour de m'excuser. — D. Vous vous en souviendrez donc demain? — Si je m'en souviens, je le dirai.

Fieschi. Je prie M. le président de demander à Pepin à quelle époque il m'aurait renvoyé de chez lui?

Pepin. Je n'ai pas bien entendu.

M. De la Chauvinière répète la question.

Pepin. Environ deux mois avant l'attentat.

Fieschi. Eh bien! qu'on cherche sur son registre et on y trouvera la mention de fournitures postérieures. (Sensation.)

La séance est levée à 5 h. 3|4 et renvoyée à demain.

AUDIENCE DU 2 FÉVRIER.

M. le président. Pepin, avez-vous trouvé le nom de la femme dont vous avez parlé hier ?

R. Oui... M. le président... c'est mademoiselle Cannelu.

D. Où demeure-t-elle ? — Rue de la Roquette.

D. Savez-vous le numéro ? — Non, monsieur.

D. Vous souvenez-vous de la conversation que vous avez eue avec elle, et qu'elle confidence vous lui avez faite ?

R. Non, Monsieur... Je ne crois pas lui avoir fait de confidences.

M. le président. Boireau, levez-vous !

M. le procureur-général. Nous demandons la permission à M. le président, de faire encore quelques questions à l'accusé Pepin. Pepin, vous avez dit hier que vous aviez des rapports fréquens avec Morey ! Je vous demanderai pourquoi, dans le cours de l'instruction, dans vos précédens interrogatoires, vous avez dit le contraire.

R. Je ne... crois pas avoir dit le contraire.

M. le procureur-général donne lecture de ses précédens interrogatoires, d'où il résulte qu'il ne connaissait Morey que fort indirectement.

Pepin répond qu'il était toujours anéanti, étant toujours escorté de quatre gardes municipaux.

D. Vous avez dit aussi hier que vous n'aviez reçu et logé chez vous que Fieschi, Eh bien ! il résulte de vos précédens interrogatoires que vous avez reçu plusieurs fois des patriotes qui étaient poursuivis ?

R. J'étais anéanti... et je ne savais pas ce qu'on me demandait... j'ai pu commettre des erreurs.

D. Ainsi, dans votre anéantissement vous commettiez des mensonges !!!... Vous avez dit aussi hier que Fieschi était sorti de chez vous deux mois au moins avant l'attentat ; cependant il résulte de la compulsion de vos livres que vous lui faisiez encore *des fournitures* le 30 juin et le 1er. juillet ?

R. Cela s'explique par ce que je vous ai dit que j'étais peu à mon état, et que ma femme ne savait pas qu'il fallait lui refuser des marchandises.

Interrogatoire de Boireau.

On passe à l'interrogatoire de Boireau. L'accusé nie avoir fait partie de la société des *droits de l'homme*, et avoir des opinions républicaines. Il invoque sur sa bonne conduite et ses habitudes rangées le témoignage de son patron, M. Vernert, qui a dans lui la plus grande confiance.

D. Comment avez-vous connu Fieschi ? — J'ai eu le malheur d'être arrêté en 1833, au carré St-Martin. En prison, je fis connaissance avec un nommé Janot, étudiant en droit, qui m'engagea à l'aller voir. Je perdis son adresse, mais je le rencontrai dans la rue. Il m'emmena rue du Battoir, chez la femme Petit, où je vis Fieschi. Celui-ci vint un jour dans ma boutique. Il y revint une fois ou deux. Il me conta ses malheurs, qu'il avait été condamné à mort sous la restauration, qu'il était sans ressources. J'eus pitié de lui, car je suis généreux. Je m'employai pour le remettre bien avec la femme Petit.

L'accusé nie avoir vu Pepin, ni Morey. Il n'a jamais connu Bescher. Il n'a jamais su que Fieschi eût pris le nom de Girard. Il n'est jamais allé chez lui et ne lui a donné qu'une seule fois à coucher.

D. On ne donne à coucher qu'à ceux avec lesquels on est intime. — Boireau avec vivacité : M. le président, je vois avec regret que vous voyez des intimités partout.

M. le président. La principale locataire de votre maison a déclaré que Fieschi était venu coucher chez vous plus de trois fois.

Boireau. Ce n'est pas le témoignage de Pruchin, la principale locataire, que je veux invoquer, car elle est connue dans le quartier pour une bavarde.

M. le président insiste sur ce fait. Boireau persiste à soutenir que Fieschi n'est pas venu aussi souvent chez lui, et d'ailleurs la principale locataire n'aurait pas pu le voir. Au surplus, si j'avais eu du linge je l'aurais caché volontiers, car je ne savais pas encore que ce fût un scélérat.

Fieschi. Ce que dit Boireau est à-peu-près vrai. Je n'ai couché qu'une fois chez lui, rue Quincampoix, et quatre fois au moins, rue des Cinq Diamans, deux mois avant l'attentat. Il s'est employé pour moi, et cherchait à me caser. Je suis allé souvent chez lui, parce que je surveillais à cette époque la petite Bocquin. Je voulais rendre compte à mon ami Janot de sa conduite : je la suivais le matin et le soir. Dans ce temps là j'étais sur le chemin de l'échafaud, et je n'avais rien de mieux à faire. Boireau a tort de nier des choses qui n'en valent pas la peine.

Boireau nie de nouveau. — Fieschi déclare que Boireau est venu le voir au boulevard du Temple. Comme il était avec sa maîtresse, et qu'on n'aime pas faire l'amour à trois, la porte lui a été refusée. D'ailleurs, ajoute-t-il, cette funeste machine était-là, et je ne voulais pas qu'il la vit.

Interpellé par M. le président, Boireau déclare n'avoir rien su du complot. Il nie avoir tenu les propos qu'on lui attribue et relatifs à un attentat contre la vie du roi, sur la route de Neuilly.

M. le président. N'êtes-vous pas allé avec Fieschi chez un serrurier pour commander une barre de fer coudée qui a servi à la machine ?

Boireau. Oui, monsieur; voici comme cela s'est passé : Je devais faire une partie le soir avec un de mes amis. J'y allai. Je rencontre Fieschi qui m'enmène avec lui. Il entre chez un serrurier. Il n'y avait que la femme. Il explique ce qu'il veut. La femme ne comprend pas. Fieschi parlait depuis une demi-heure et la femme ne comprenait pas toujours. Moi, je suis ingénieux par caractère. Je pris la parole et je donnai des explications. Je tirai même une carte et avec un crayon je montrai à M.me Pierre comment il fallait faire. Je lui dis : il faut faire comme ça et comme ça. Mais ce n'était pas difficile à comprendre pour moi, car Fieschi l'avait répété cinquante fois. Je ne le savais pas d'avance.

Fieschi. Boireau est comme un chien. Plus on le bat et plus il s'attache à vous. Je voulais l'empêcher de parler et c'était un motif pour lui de parler davantage. Il se met à parler comme s'il n'avait rien à faire. Mais la vérité est que je ne lui ai rien dit et qu'il ne savait rien.

D. Fieschi, est-ce vous qui avez engagé Boireau à aller chez le serrurier ! — Non, il m'a rencontré et ma suivi ; je n'ai pas pu m'en débarrasser. — Comment se fait-il que dans une affaire aussi importante vous n'ayez pas écarté Boireau ? —Est-ce qu'il savait pourquoi c'était faire ? —Je lui avais que c'était pour une fenêtre. Je ne veux pas plus charger Boireau que mes autres complices ; je ne veux dire que la vérité. — Nous ne vous demandons non plus que la vérité...

Boireau. Eh bien ! pourquoi insistez-vous donc si long-temps ?

Fieschi se tournant vers Boireau. N'interrompez donc pas M. le procureur général.

M. le président. Avez-vous dit que Pepin devait passer à cheval sous la fenêtre de Fieschi, afin de lui donner le moyen de pointer sa machine ?

Boireau. Je trouve fort extraordinaire que vous me posiez cette question, car je n'avais aucune connaissance de cette machine.

M. le président. N'avez-vous pas dit à Fieschi le 27 juillet au soir que Pepin vous avait chargé de monter à cheval à sa place ?

Boireau. Je n'ai pas vu Fieschi le 27 juillet au soir. Je défie qui que ce soit de le dire.

M le président. N'êtes-vous pas venu ce même jour chez Fieschi, et n'avez vous pas demandé Gérard en priant la portière de lui dire que Victor le mécanicien était venu.

Boireau. Il y a 10,000 Victor dans Paris. Il y en a 200 peut être qui sont mécaniciens. Moi., d'ailleurs, je ne suis pas mécanicien ; je suis ferblantier.

Interrogé sur la confidence qu'il aurait faite la veille de l'attentat au jeune Suireau, Boireau demande à s'expliquer à cet égard. Il dit que Suireau fils lui a voué une haine mortelle, et que Suireau père est un voleur qui a enlevé 18 mille fr. à M. Vanhert.

M. le président interrompt l'accusé et lui dit qu'il fera valoir ces reproches contre les témoins quand ils déposeront.

Boireau nie avoir vu Fieschi le 27 juillet et lui avoir dit que Pepin lui avait tout confié.

Fieschi. Boireau m'a dit : Je sais tout. Pepin m'a tout confié Sais tu qu'il n'est pas généreux Il ne m'a pas seulement offert un verre de vin, Boireau m'a également dit qu'il serait là avec ses amis.

M. le président. Pourquoi faire ?

Fieschi. Mais.... pour prendre les armes.

M. le président. Pourquoi, Boireau, avez-vous fait couper vos moustaches le 28 juillet ?

Boireau. Parce que mes amis m'avaient dit que j'é-tais plus beau garçon comme ça.

M. le président. Ne serait-ce pas plutôt pour vous rendre méconnaissable ?

Boireau. Mes moustaches étaient peu épaisses et ne me changeaient nullement la figure.

M. le président. Suireau a dit la veille de l'attentat qu'il avait appris par vous...

Boireau. Mais, M. le présid....

M. le président. Je ne vous interromps jamais.

Boireau. Pardon , M le président.

M. le président. Vous avez dit la veille à Suireau que le lendemain la vie du roi serait en danger, qu'il serait attaqué sur le boulevard, à la hauteur de l'Am-bigu Comique, qu'il y aurait une explosion.

Boireau. Vous voyez bien que Suireau a menti, car il a parlé d'un souterrain dans sa déposition, et il n'y a pas eu de souterrain.

Pressé de questions par M. le président, l'accusé persiste à dire qu'il ait ainsi parlé à Suireau.

Boireau nie avoir dit à Fieschi qu'il eût pris le cheval de Pepin dans l'écurie et qu'il fût venu sur le boulevard pour donner à Fieschi le moyen de pointer sa machine.

Fieschi. Boireau est venu le 27 au soir. J'étais au café. Quand nous fûmes sortis sur le boulevard qui est assez large pour y parler sans être entendu, Boireau me dit : M'as-tu vu. — que veux-tu dire ? — oui, m'as tu vu, aujourd'hui ? — mais je te vois,— ce n'est pas cela; m'as-tu vu à cheval? comment à cheval ? — certainement, sur le cheval de Pepin. Il n'est pas venu parce qu'il est malade. Je vois bien pourquoi tu n'as pas voulu me laisser monter, c'est pour que je ne puisse pas voir tes affaires : mais ne crains rien, je serai discret.— Je vis bien alors, poursuit Fieschi, que Pepin avait parlé, et alors je vous avoue que je n'étais plus disposé à continuer cette funeste affaire.

Interrogé par M. le président, Boireau persiste à nier qu'il ait vu Fieschi le 27, et il soutient qu'il n'est pas allé à cheval sur le boulevard du Temple.

M. le président. La demoiselle Camelu, à qui Pepin a dit avoir fait confidence des motifs pour lesquels il aurait expulsé Fieschi de chez lui est présente; elle va être entendue.

La demoiselle Camelu est introduite : Elle déclare être agée de 35 ans et connaître Pepin comme étant née dans le quartier.

D. Avez-vous reçu quelque confidence de Pepin?

R. Oh ! monsieur, à une femme, c'est rare.

D. Aviez-vous entendu Pepin parler de Fieschi.— Non, monsieur, jamais ,—Regardez Fieschi ; le connaissez-vous? — Non, monsieur. — Pepin ne vous a t-il pas fait de confidence relative à Fieschi? — Non, monsieur, jamais.

Pepin. Je crois avoir dit au témoin qu'environ 2

mois avant, un homme d'un caractère violent, me parlant de choses graves, je lui avais tourné le dos.

La demoiselle Camelu. Je ne m'en souviens pas. (Sensation.)

Fieschi. J'ai vu quatre ou cinq fois mademoiselle chez Pepin ; elle venait chercher le journal ; ils causaient ensemble toujours, en appuyant du côté républicain. Avant qu'elle fut introduite tout à l'heure, j'ai écrit sur un billet à M. le président, que si c'était celle que je croyais, elle était blonde, petite, avec une grande bouche, et exaltée républicaine.

M. le président donne lecture d'un billet que vient en effet de lui faire passer Fieschi ; il contient les renseignemens dont vient de parler Fieschi.

On remarque que ce signalement est très exact.

Le témoin se retire au milieu des marques d'une vive sensation.

L'audience est suspendue à 3 heures.

La séance est reprise à 3 heures 1|2.

Interrogatoire de Bescher.

M. le président. Bescher, levez-vous.

Bescher se lève.

M. le président. N'avez-vous pas fait partie de la société des droits de l'homme ? — Oui, monsieur. — N'a-t-on pas pris à votre domicile une chanson terminée par ces mots : Vive à jamais, vive la république? —Oui, monsieur. — D où la teniez vous ? — On me l'avait donnée. — Connaissiez-vous Morey avant l'attentat de juillet? —Oui, monsieur. — Ne le voyiez vous pas souvent? — Je le voyois quelquefois, mais plus souvent je voyais son ouvrier. — Où avez-vous connu Morey ? — Dans la société pour l'instruction libre du peuple.

D. Le 3 janvier 1835, ne vous êtes-vous pas fait délivrer un livret et un passeport à la préfecture de police ; pourquoi ? — Je les ai remis à Morey, qui m'a dit que c'était pour une personne poursuivie pour cause politique.

D. Vous avez dit dans l'instruction que c'était pour vous? —J'ai menti en cette occasion. — Avez vous vu Morey la veille de l'attentat? —Oui, au service des decorés de juillet, il est venu à midi et je lui ai dit qu'on ne commencerait qu'à deux heures. — Savez-vous si Pepin assistait à cette réunion?—Je n'en sais rien. — Quand avez-vous revu Morey. — Le 31 juillet; il m'a rapporté mon passeport, en me disant que c'était le corse qui avait le livret.

D. Ne vous a-t-il pas dit que la police était venue chez lui le même jour? — Oui, monsieur.—Alors sa visite doit être du 30; car c'est ce jour-là qu'une perquisition a été faite chez lui.— C'est le 31 au matin. —On a saisi chez vous un livret au nom de votre frère.— J'avais gardé les papiers de mon frère qui est mort.

M. le président à Morey. Reconnaissez-vous avoir demandé le livret et le passeport pour Fieschi.

Morey. Cela est vrai, je voulais remettre ces pièces à Fieschi. Bescher est innocent de tout cela.

D. Vous aviez dit avoir porté le passeport à Bescher avant l'attentat; Bescher dit que c'est après.— J'en suis convenu. — Qu'avez-vous fait du livret?— Je suis allé le 29 chez Mme. Lesage lui demander le livret en la priant de me le rendre pour que Bescher, qui était un honnête ouvrier, ne fût pas compromis: j'ai brûlé ensuite ce livret.

M. le président. Vous pouvez vous asseoir.

On passe à l'audition des témoins.

Les sieurs Doreille, sergent de ville, Villiers, inspecteur de police, Veysseière et Bognet, gardes nationaux, présents à l'arrestation de Fieschi, donnent des détails sur ce fait.

AUDIENCE DU 3.

L'affluence est de plus en plus considérable, bien que tous les billets aient été distribués d'avance; tous les jours M. le grand référendaire est assiégé par de nouvelles demandes qu'il lui est impossible de satisfaire; aujourd'hui un grand nombre de personnes de qualité qui n'avaient pu obtenir de réponse, sont venues le trouver de grand matin, et quelques-unes ont été assez heureuses pour être bloties dans un petit coin de la salle; aussi ne trouvera-t-on pas le plus petit recoin sans être occupé. Jamais à aucune époque, débats judiciaires n'avaient inspiré une aussi vive curiosité; l'intérêt, loin de se ralentir, va toujours croissant, et tout le monde veut contempler jusqu'à la fin cet homme *aussi extraordinaire que criminel.*

L'audience de ce jour devra être consacrée à l'audition des témoins; le second à entendre d'après l'ordre d'inscription, c'est *Nina Lassave.* C'est sans doute aussi le plus important.

D. Fieschi, pourriez vous rendre compte de ce qui s'est passé depuis que vous avez mis le feu à la traînée, jusqu'au moment où vous êtes descendu par la corde? Rappelez vos souvenirs..... il n'y a que peu d'instans.

R. Je sais bien que je ne suis pas tombé quoique l'atout ait été un'peu fort; j'ai porté aussitôt la main au front, sentant que le sang coulait le long du visage, j'y portai la main et m'essuyai, puis je sortis et partout je frottais mes mains pour faire disparaître le sang. Lorsque j'eus attrapé la corde je descendis d'une main et m'essuyai de l'autre; je sais aussi que plusieurs ont dit m'avoir vu avec un canon à la main, mais je me rappelle très-bien que je n'avais que le martinet à nœuds. On m'a conduit au poste puis ensuite à la conciergerie; je me souviens que lorsque je fus arrivé à la conciergerie je me suis dit : Tu ne sortiras d'ici maintenant que pour aller à l'échafaud.

D. Morey, vous avez entendu Bescher déclarer qu'il avait pris le passe-port sur votre demande. Si vous avez quelque chose à ajouter vous devez le dire dans l'intérêt de la vérité. — J'ai dit toute la vérité.

Fieschi. Je dois dire à la cour qu'un jour je rencontrai Bescher sur la place de la Madelaine, il est là, il peut dire la vérité, car il n'est pas mon complice, lui; il me dit que Morey l'avait chargé de faire des. pétards, qu il en avait fait qui contenaient 12 balles. Il avait beaucoup d'argent, il m'en offrit, mais je refusai.

D. Bescher, vous rappelez-vous cette circonstance ?

R. Non. Cependant je sais que j'ai quelque fois fait des pétards. J'en ai fait pour un nommé Herfort.

Fieschi. Je me rappelle que cet Herfort est venu chez Morey, c'est là que je l'ai vu ; il portait des mous-taches noires et me fit peur, car je le prenais pour un agent de police, et je n'étais pas très-bien avec ces gens - là, mais je fus rassuré en entendant la fem-me Morey l'appeler M. Herfort.

M. le président donne des ordres pour que le nom-me Herfort soit amené à l'audience.

M. le président Faites entrer un témoin.

M. lle Salmon, fille du portier de la maison n. 51, boulevard du Temple, est introduite et dépose en ces termes :

Le matin de l'évènement, M. Gérard (*Fieschi*) a fait déposer une malle dans ma chambre et a été cher-cher un commissionnaire pour la faire enlever ; celui-ci demanda où il fallait la porter, il répondit : Enle-vez là toujours, ou sans cela je vais la faire prendre par un autre. Il était avec nous au moment où a com-mencé la revue, je suis sorti et il m'a dit : Allez voir votre roi, ensuite il est remonté et j'ai entendu un bruit de coups de fusils.

D. N'avez vous pas vu une autre personne venir chez lui ? = Il y avait l'oncle qui venait le voir sou-vent, il est même venu louer avec lui.

On lui représente Morey; elle le reconnait pour être l'individu qui se faisait passer pour l'oncle de Ge-rard.

Sur l'interpellation de M.e Dupont, le témoin

déclare que le chapeau de l'oncle était à larges bords,
sa redingotte bleue, son accent étranger. Nous prou-
verons, dit-il, que Morey n'a pas eu de redingotte
bleue, ni de chapeau à larges bords. La cour n'ou-
bliera pas qne le témoin n'a reconnu Morey qu'à sa
tournure. Or, la tournure de Morey a changé depuis
sa maladie, et le témoin ne l'a pas reconnu à son accent, car Morey n'a pas d'accent méridional, ni
étranger.

Fieschi. Je ne tiens pas à la condamnation de mes
complices, mais je tiens à la vérité. Morey n'a jamais eu de redingotte bleue, mais il est impossible
de distinguer le vert ou le gris du bleu, étant dans
la loge du portier parce qu'elle est toute sombre.

On fait entrer Nina Lassave qui déclare être âgée
de 19 ans. Son maintien est décent, sa mise soignée.
L'apparition de ce témoin excite une sensation profonde. Sa voix tremble; elle parait émue.

Dans les premiers jours du mois d'avril, elle vit
Fieschi chez Pepin. Il lui apprit qu'il avait loué un
appartement, boulevard du Temple. C'est le dimanche suivant qu'elle alla pour la première fois chez lui.
Elle y vit plusieurs morceaux de bois, demanda ce
qu'il en voulait faire : un métier, dit-il. — Tu fais
toujours des métiers qui ne réussissent pas. — Ce
ne sera pas de même de celui ci, me répondit-il.

Le dimanche 26 juillet, Fieschi la rencontra chez
Pepin, où elle achetait du sucre. Il l'emmena chez
lui; et vit la machine montée. Elle lui dit : Vois donc
ce métier monté. — Oui, répondit l'autre; mais il
était soucieux et inquiet.

Le lendemain, elle alla chez la portière de Fieschi,
mais ne monta pas, parce que Fieschi le lui avait
défendu. Elle dit à la portière de le prévenir qu'elle
était chez Agarithe, rue Message. Je m'y rendis en
effet, mais n'ayant pas trouvé Agarithe, elle vint sur
le boulevard, où elle trouva Fieschi attablé avec Morey. Fieschi l'emmena vers l'allée, lui donna cent

sous, lui dit de l'aller attendre chez Agarithe, où il la joindrait dans 10 minutes, et peut-être dans 3 heures. Il y vint en effet, mais sa figure était toute décomposée. Il ne vint pas la chercher le soir; elle fut obligée de prendre un cabriolet pour se rendre à la salpêtrière.

Le mardi, elle vint sur le boulevard; on lui montra la fenêtre d'où le coup était parti; elle fut consternée, parce qu'elle ne pouvait plus douter de son malheur. Elle alla chez Annette Bocquin, en lui disant: « c'est Fieschi. — Je m'en étais douté, répondit celle-ci. » — J'allai à la Salpétrière, et je fis un paquet de mes hardes. Je courus chez Annette. Je me rappelai que Fieschi m'avait dit quelque temps auparavant. « S'il m'arrive quelque malheur, adresse-toi à Pepin et à Morey. Ils prendront soin de toi. — Mais ils ne me doivent rien — C'est égal, ils feront cela pour moi. J'allai alors vers Pepin; je ne trouvai que sa femme qui me dit ne pas connaître Fieschi, ni Gérard. Je trouvai cela étonnant, mais je fus obligée de m'en aller, et je dis à Mme. Pepin: « Dieu veuille que vous disiez la vérité. »

J'allai alors chez M. Morey, qui me dit : Fieschi n'est pas mort. J'ai là de vieux papiers à Fieschi ; nous allons les brûler. Les papiers furent brûlés. Il me dit d'aller l'attendre à la barrière, où il me rejoignit bientôt. Nous dînâmes chez un restaurateur.—Comment se fait-il, dis-je à Morey, que Fieschi, qui est mécanicien, ait fait cette machine. — Il a voulu se mêler de charger trois canons, et ce sont ceux-là qui n'ont pas partis. C'est moi qui ai chargé les autres, et ils n'ont pas raté. Voilà ce que me dit Morey. Je lui répondis : « moi, qui ne suis qu'une femme, si j'avais voulu tuer le roi, je ne m'y serais pas pris de cette manière. J'aurais pris deux pistolets, et après avoir tué Louis-Philippe, je me serais tuée moi-même. » Il ne perdra pas pour attendre, me dit Morey; il descendra la garde. Mais, ajoutai-je, tuer 40 personnes pour arriver au roi. Ce général Mortier, on dit qu'il était si bon. — Allons donc, c'était une canaille comme les autres, répondit Morey.

Le témoin rend compte des démarches faites par Morey, pour lui procurer un logement, et de la remise qu'il lui fit faire de la malle.

M. le président. Quelles circonstances vous firent croire que Fieschi fût l'auteur de l'attentat ?

Nina. Sa figure décomposée, lorsque je le vis la veille, la défense qu'il m'avait faite d'aller chez lui, le mardi, cette machine que j'avais vue. On disait, en outre, que l'événement avait eu lieu en face du Jardin-Turc, et que le coup était parti du troisième.

Sur l'interpellation de M. le président, le témoin rend compte du propos de Morey: « Je vais rendre à ce pauvre Bescher son livret et son passe-port.

Ls témoin raconte qu'elle a voulu se jeter à l'eau, et qu'elle l'aurait fait si elle n'eut pas craint de compromettre les personnes de la maison.

Elle raconte également que Morey lui a dit le jeudi 3o : malheureusement Fieschi n'est pas mort. Je lui avais cependant bien recommandé de se brûler la cervelle. »

Fieschi. Il me l'avait recommandé ; mais j'ai préféré périr sur l'échafaud, pour servir d'exemple.

On interroge Nina sur le motif qui l'a portée à cacher ses rapports avec Morey. A ce moment, Fieschi prend de nouveau la parole : Je me rappelle la conversation dont on a parlé. On me disait bien de me brûler la cervelle. Je répondis, non, j'aime mieux me battre jusqu'à extinction. Alors, me dit Pepin, prenez l'exemple de Louvel : il n'a nommé personne.— J'aurais pu faire comme Louvel, et taire le nom de mes complices, mais j'ai préféré être utile à mon pays et au roi, éloigner pour vingt ans, pour toujours peut-être ; une révolution (élevant la voix avec emphase), Oui, moi, assassin, qui ai eu la scélératesse de faire une telle chose, j'ai fait tomber plus de barbes de boue que la garde nationale (sensation.)

M. le président interroge le témoin sur ce qu'il y avait dans la malle. M.e Dupont s'apprête à prendre la parole..... Fieschi. M. le président, si je faisais trouver les livres qui étaient dans la malle ! (il hésite).... Si je les faisais trouver!... M. le président. Faites-les trouver. Fieschi. C'est bon !.... M.e Dupont peut-parler.... L'accusé se rassied ; sa figure est contractée convulsivement.

M.e Dupont fait plusieurs questions à Nina. Pourquoi n'a-t-elle pas accusé Morey dans ses premiers interrogatoires ? Pourquoi s'est-elle défendue elle-même ? Je ne dis pas qu'elle soit complice de Fieschi ; mais je soutiens qu'elle a su tout ce qui devait arriver.

Nina se défend avec assurance. Ses réponses qui d'abord ne parvenaient pas jusqu'à la cour, et que le greffier était obligé de répéter, arrivent cette fois, claires et distinctes. Si j'ai d'abord refusé de parler dé Morey, c'est que je ne voulais pas le compromettre. Si j'avais pu, j'aurai pris tout sur moi.

Pressée de questions par le défenseur de Morey. Nina persiste à dire qu'elle a appris de la bouche même de Morey, qu'il a passé une grande partie de la nuit du 27 avec Fieschi. Elle a vu brûler, chez Morey, des papiers relatifs à Fieschi.

M. le Président. Fieschi vous avez la parole.

Fieschi. Je demanderai à M. le président s'il a donné des ordres pour aller chercher les livres ?

M. le président. On y est allé. — Fieschi. Alors je puis parler. Je crois, qu'on les trouvera chez Schouartz.. portier des archives du royaume.... Je ne sais plus la rue, mais je sais que c'est Schouartz; c'est lui qui a prêté le moule pour fondre les balles qui étaient plus forte que le qualibre.

Si j'ai présenté Nina à Morey longtemps avant l'événement; c'est qu'il avait été convenu avec mes complices que le coup devait se faire le premier mai.

(Sensation.) Ne croyez pas que je relève ce fait pour nuire à mes complices; non! non!...... ce n'est que dans l'intérêt de la vérité. Je n'ai pas intérêt, moi, à faire trancher la tête à mes complices; Morey m'avait dit de me brûler la tête, je n'ai pas voulu, je suis homme à mourir pour servir d'exemple!..... Vous ne me verrez jamais mendier ma vie, je ne l'ai jamais mendiée; mais je mendierai celle de mes!....

Morey a dit que j'avais chargé les fusils, qu'il y était tout-à-fait étranger; voici comme: l'un donnant la poudre et les balles, il les avançait jusqu'à la gueule des canons, et l'autre bourrait et entassait la charge, et cet autre là c'était Morey!... On a vu que trois canons n'ont pas parti, s ils avaient parti, vous ne me verriez pas ici, car un jour avait été ménagé de manière à les faire crever tous trois, et ne l'oubliez pas, Morey savait bien ce qu'il faisait; il avait le plus grand intérêt à me faire sauter : c'était une ruse de vieux chasseur que je connaissais aussi bien que lui; mais moi j'étais plein de confiance, et c'est pourquoi je ne m'en suis pas apperçu d'abord, sans quoi je me serais bien gardé de lui laisser charger ces armes.

« Je vous répète que je ne dis pas cela pour charger mes complices; car Morey surtout, je lui dois des obligations; il m'a rendu des services, il m'a nourri, logé, blanchi, il m'a montré de l'amitié. J ai longtemps hésité à le charger; mais j'ai voulu dire la vérité en présence de la cour, de la nation, de la France et de l'Univers. Je ne m'en répens pas, car j'ai rendu service à la nation, le gouvernement prendra des mesures, et vous, M. le président, tout le premier (élevant la voix outre mesure et articulant avec vivacité). Maintenant le roi sera respecté. Messieurs vous serez tranquilles! et moi je le serai plus que vous là-bas dans le séjour des trépassés. Je ne souffrirai plus là. J'aurai le courage de monter sur l'échafaud. J'aurai des forces morales, on ne me verra pas trembler, car je veux mourir pour l'exemple. J'ai dit la vérité. On me la demanderait cent fois que je dirais toujours la même chose !

Nina, pendant cette singulière allocution de Fieschi, baisse la tête et parait accablée. Quand Fieschi a terminé, Nina relève la tête, elle est inondée de larmes.

M.e Dupont continue les questions et cherche à prouver que Nina n'est allée chez Morey que parce qu'il avait connu Fieschi.

Sur la demande de M.e Marie, la fille Nina déclare qu'elle n'avait jamais vu Pépin, mais qu'elle en avait entendu souvent Fieschi en parler. Elle a vu 3 fois Mme. Pépin.

M.e Marie donne lecture d'un interrogatoire de Fieschi, dans lequel celui-ci déclare que Pépin et sa femme n'ont jamais vu Nina et qu'il prenait soin qu'elle ne fut pas vue de Pépin.

Fieschi. Je regrette d'avoir parlé de Morey, car il m'a nourri et logé, mais j'ai été obligé de dire la vérité. La petite est venu souvent me chercher chez Pépin : elle entrait pour acheter quelque chose; je sortais et nous nous disions bonjour.

Je reviens au carnet. Il est impossible que la petite soit allée chez Morey pour jeter le carnet dans les lieux d'aisance, la chose est impossible.

Interpellé par M. le procureur-général, Morey déclare que tout ce que la fille Nina a dit à son égard est faux.

M. le procureur général. Comment se fait-il que vous qui aviez des dettes vous ayez consenti à faire des avances pour une femme que vous connaissiez à peine et qui avait des relations avec un homme que vous ne deviez pas estimer beaucoup depuis son crime.

Morey. Je l'ai fait uniquement par humanité. Elle

m'avait dit n'avoir pas un morceau de pain à mettre sous la dent; elle annonçait l'intention de se détruire. Je lui ai remis quelqu'argent, en lui disant : si votre frère est un homme il me le rendra.

Sur l'interpellation de M. le procureur général, Morey avoue qu'il a eu entre les mains le passeport de Bescher, mais qu'il ne l'a jamais remis à Fieschi. Il avoue être allé déjeûner avec la fille Nina, mais il nie tout le reste.

Le débat continue entre M.e Dupont, Nina et le procureur général. Nina persiste dans ses déclarations relatives à Morey.

M. le président. Faites retirer le témoin. L'audience est suspendue.

AUDIENCE DU 4.

M. Lavocat, lieutenant-colonel de la 12.e légion, est introduit.

M. Lavocat rend compte de la manière dont il a connu Fieschi, des confidences que celui-ci a faites, et des interrogatoires qu'il lui a fait subir par ordre de M. le président.

M. Lavocat. Fieschi m'a plusieurs fois annoncé que je devais être assassiné, et j'ai la preuve qu'il m'a plusieurs fois sauvé la vie.

Fieschi. C'était trop beau pour moi, monsieur, d'avoir l'honneur de votre amitié. J'étais loin de votre position sociale, et je ne pouvais par me dire votre ami. Mais vous m'avez obligé, et je serais passé à travers les baïonnettes pour vous servir. J'ai empêché que vous fussiez assassiné, et j'en suis heureux. Après ma mort, mes compagnons d'armes pourront me rendre justice.

M. Lavocat. Je suis plutôt l'obligé de Fieschi que son bienfaiteur. Il a veillé à ma sûreté ; dans les émeutes il venait se placer à mes côtés, me défendait, m'avertissait des démarches des agitateurs, et s'acquittait de toutes les missions que je lui confiais

avec zèle, intelligence et une rare intrépidité. (Pendant ces paroles de M. Ladvocat, Fieschi paraît vivement ému).

Fieschi. M. Thiers, M. Barthe, tout le conseil des
ministres seraient venus me demander des révélations
ils n'auraient rien su ; mais le souvenir d'un bienfaiteur m'a fait parler. Il me faut un maître à moi !...
Pardonnez mon langage ; je suis obligé de penser en
italien et de parler en français ; mais vous savez mieux
ce que je veux dire que ce que je dis.

On entend M. Bulos, auquel Fieschi a dit : Vous
avez maintenant un sabre et un fusil à votre disposi-
tion. Le témoin lui avait rendu un léger service.

Mᵉ Dupont. Vous avez entendu Fieschi parler de
M. Ladvocat, son bienfaiteur, en des termes qui prouvent tout son attachement pour lui. J'attends que
Fieschi nous explique comment il se fait qu'il ait accepté un asile chez Morey, s'il est vrai, comme il l'a
dit, que Morey eût menacé la vie de M. Ladvocat. Il
me semble qu'il est en désaccord avec lui-même.

Fieschi. Je savais tout ce qu'on disait contre M. Ladvocat, toutes les menaces qui étaient faites contre lui.
Je l'en prévenais aussitôt. Mais c'est un cadet qui n'a
pas peur. Il est capable de tirer son épée et de jeter
le fourreau. C'est pour cela que je suis dévoué à lui.
Un jour il était couché lorsque j'arrivai chez lui pour
lui faire part d'un nouveau danger. Ie vous ai dit qu'il
ne tremble pas facilement. Il se frappa la... jambe
sous les draps et me dit en riant : Tant qu'elles seront
là, je me moque d'eux.

Mᵉ Dupont. Mais ce n'est pas là répondre à ma
question.

Fieschi s'agite sur son banc et paraît en proie à une
vive impatience.

Mᵉ Dupont reproduit sa question.

Fieschi. Mais où vouliez-vous que j'allasse me loger?
Fallait-il aller établir mon domicile dans la fosse de
l'ours Martin au jardin des plantes ! Morey m'avait dit

7.

que si M. Ladvocat se trouvait au bout de son canon, il ne le manquerait pas. Mais je le croyais ou je ne le croyais pas.

La femme Barbe qui a logé Fieschi, les sieurs Schwartz, ami de Morey, et Renaudin, son neveu, Lesage, chez qui a travaillé Fieschi, déposent des faits sans importance.

Le témoin Beaumont, laietier.

D. Vous rappelez-vous si un homme ne vous aurait pas acheté une malle le 25 juillet dernier? — Oui, monsieur, il est venu une personne qui me demanda une malle de 42 pouces ; je lui en fis voir une et nous convinmes du prix ; cette personne me donna 20 sous d'arrhes, et le lendemain elle revint avec une autre personne plus âgée. Celui qui était venu le premier fit voir la malle au second qui dit : la longueur est convenable. Ils me demandèrent un café, je leur en indiquai un et au bout de quelques instans ils revinrent pour prendre la malle.

D. Retournez-vous et regardez les accusés! Les reconnaissez-vous? R. (en montrant Fieschi) : Voilà bien la personne qui est venue la première la veille pour acheter la malle !... et je reconnais parfaitement monsieur (en indiquant Morey) pour être venu le lendemain et avoir dit : la grandeur est convenable.

Après quelques autres dépositions sans intérêt, à quatre heures l'audience est suspendue.

Les premiers témoins entendus sont le traiteur de Montreuil chez lequel Pepin, Morey et Fieschi ont été déjeuner après l'essai de la traînée de poudre.

Le témoin Collet, meunier, est introduit; c'est chez lui que s'est caché Pepin.

Sur l'interpellation de M. le procureur général, M. Collet raconte que Pepin n'est pas venu chez lui après son évasion.

Je pensai seulement qu'il était chez M. Rousseau, mon voisin ; j'y allai et le trouvai en effet. Il me dit qu'il était impliqué dans cette affaire mais qu'il était innocent. Je lui conseillai de se constituer prisonnier, mais il craignait la détention préventive. Je fus chargé par lui de venir à Paris pour demander conseil à M. Garnier-Pagès que je ne trouvai pas, non plus que M. Carrel. Mais au bureau du *National* je vis M. Estibal et un autre rédacteur qui m'offrirent des dépêches pour avoir des passeports. Ils vinrent à Lagny. Je les mis en rapport avec Pepin. Ils avaient un passeport pour la Belgique. Pepin le refusa en disant qu'il aimait mieux rester en France. Il refusa également un passeport pour l'Allemagne, et dit qu'il ne voulait aller qu'en Angleterre, mais Estibal dit : Il est impossible d'en avoir, on n'en a pas pu avoir pour les accusés d'avril. Plus tard Pepin m'a dit qu'il ne voulait pas quitté la France.

Magnier, neveu de Pepin et garçon dans son magasin, reconnait tous les accusés excepté Fieschi. Il connaît Boireau pour l'avoir vu deux ou trois fois chez Pepin. (Sensation.)

M. le président. Boireau, vous entendez? Voici le moment venu de dire la vérité.

Boireau. Si je n'avais pas pitié de ma malheureuse mère, je ne la dirais pas. (Mouvement. — L'accusé cache sa tête entre ses mains.)

M. le président. Faites retirer tous les accusés à l'exception de Boireau. (Les gardes municipaux emmènent les accusés.

M. le président. Accusé Boireau, vous avez parlé de votre mère. Ses conseils doivent être pour vous des ordres. J'ai pensé qu'en présence des autres accusés vous n'aviez pas voulu parler. Ils ne sont plus là. Parlez.

Boireau. Je suis allé chez Pepin quelque temps avant l'attentat, il m'a dit qu'il y aurait quelque chose en juillet, et qu'il savait qu'un galérien devait tirer sur le roi. Il ajoutait qu'ils seraieut 40. Le 27, Pepin m'a dit de prendre son cheval et de passer sur le boulevard devant la maison de Fieschi, et de dire le soir à celui-ci que j'étais monté à cheval. Je n'ai rien su par lui ni par Pepin. Fieschi m'a emprunté un forêt, mais je ne savais pas ce qu'il en voulait faire.

M. le président. Cherchez bien dans votre mémoire et dans vos souvenirs. Vous n'avez plus aucun intérêt à vous taire, vous en avez un grand au contraire à parler.

Boireau en sanglottant. J'ai gardé le silence pendant six mois. Je ne voulais pas compromettre un père de famille. Mais ma mère, ma pauvre mère.... (L'accusé s'interrompt. Les sanglots étouffent sa voix.)

M. le président. Calmez-vous; la cour comprend votre position.

Boireau. J'ai tout dit, M. le président, mais j'ai long-temps hésité, mais j'ai dû penser à ma mère.

M. le président adresse de nouvelles questions à l'accusé. Boireau y répond sans se troubler. Il persiste à soutenir qu'il ne savait pas le projet de Fieschi, que jamais celui-ci ne lui avait parlé de sa machine.

Quand je suis allé chez le serrurier, j'ignorais complètement ce qu'il voulait faire de la barre de fer qu'il commandait. Quand Pepin m'a prié de monter sur son cheval pour passer sous les fenêtres de Fieschi, j'ignorais que je fusse chargé de fournir à Fieschi le moyen de pointer sa machine.

M. le président. Réfléchissez de nouveau à votre position. Voyez si vous n'avez pas quelque chose à dire encore à la cour.

Boireau. Non, M. le président, j'ai tout dit. Je donne ma parole d'honneur la plus sacrée que je suis innocent.

M. le président. L'audience est suspendue pour un quart-d'heure, afin qu'on puisse traduire les notes sténographiques prises pendant la déclaration de Boireau.

Dans toutes les parties de la salle on s'entretient de cet incident, qui est destiné à jeter un grand jour sur la part qu'aurait prise des accusés présens.

Plusieurs pairs viennent s'entretenir avec M.es Parquin et Dupin; plusieurs groupes se forment autour
d'eux.

A [quatre heures moins un quart on annonce la
cour. MM. les pairs reprennent leurs sièges. Le banc
des accusés est désert. Morey seul est dans son fauteuil.

M. le président. Faites entrer les accusés.(Le chef
des huissiers sort et ramène les autres accusés entou-
rés de gardes municipaux.— Profond silence.)

M. le greffier donne lecture des déclarations faites
par Boireau en l'absence de ses co-accusés. Pendant
cette lecture Pepin confère avec ses défenseurs et fait
plusieurs gestes de dénégation.Fieschi paraît prêter
la plus grande attention, Morey et Bescher sont in-
différens. Boireau baisse la tête.

M. le président adresse différentes questions à Pepin. L'accusé à chacune de ces questions répond : «Je
ne puis répondre aux allégations de M. Boireau que
par une dénégation. » L'accusé nie tous les faits qui
lui sont imputés par Boireau.

M. le président à Fieschi. Persistez-vous à dire que
Boireau, n'a pas connu votre attentat avant le 28
juillet.

Fieschi. Entendons-nous, François! (Murmures.)
La cour me pardonnera cette expression. Mon attentat n'est pas le mot. Boireau n'a pas vu ma machine.
Mais il a su le 27 qu'il devait y avoir quelque chose
le lendemain. Il m'a raconté dans le café des mille
colonnes sa visite à Pepin et l'affaire du cheval. Dans
ce moment là la vie m'était à charge, elle pesait plus
sur mes épaules que le mont Etna; mais ce n'est pas
là ce que M. le président me demande. Je puis dire
seulement que j'ai toujours considéré Boireau comme
un enfant pour la raison. Je ne me serais pas fié à lui.
Mais je dois dire que le 27, Boireau savait qu'il y
aurait le lendemain un attentat contre le roi.

Je demande pardon à la cour de m'être servi de

cette expression : *Entendons-nous, Francois* ! Elle m'est échappée.

Pepin. Je, je, suis pas habitué à parler en public. Tous les jours, depuis six mois, je suis exposé à de nouvelles choses..... Je sais bien qu'on cherche à me perdre.

Après quelques dépositions sans intérêt, l'audience est levée.

AUDIENCE DU 6 FÉVRIER.

M. Fauveau, (Guillame), épicier, demeurant rue Oblin.

M. le président. N'avez-vous pas dîné chez Pepin vers le mois de mars ou d'avril de cette année? — R. Je ne peux pas préciser l'époque, mais je crois que c'était vers la fin de février.

D. Une septième personne ne serait-elle pas venue à la fin du dîner, lorsque l'on était au dessert? R. Non, monsieur — D. Regardez l'accusé Fieschi, le reconnaissez-vous? R. Non, monsieur.

M. Lorelu (Nicolas), avocat à la cour royale de Paris, demeurant à Paris, rue Montmartre, n. 32.

M. le président. N'avez vous pas, au commencement de 1835, dîné chez Pepin? R. Oui, monsieur.

D. Une personne n'est-elle pas entrée pendant le dîner ou à sa fin? R. Je rappelle avoir vu entrer un individu qui me sembla par sa mise, être dans une position peu aisée. Je crus que c'était quelqu'un qui cherchait à se glisser à la fin d'un repas. Pepin me parut même en éprouver quelque contrariété.

Une personne de la société lui offrit, je crois, un verre de liqueur ; car M. Recurt avait déjà pris précipitamment le café ; on était venu le demander de chez lui, et il ne tarda pas à se retirer. Ce fut, je crois, Morey qui offrit ce verre de liqueur.

D. Reconnaissez-vous l'accusé Fieschi pour la personne que vous avez vue? R. Celle que j'ai vue m'a paru plus brune.

Au corps (François), demeurant barrière de Montreuil. —Dans le mois de juin 1835, j'ai vu trois individus entrer chez Bertrand le cabaretier, à la barrière de Montreuil ; j'ai reconnu M. Pepin que j'avais
vu précédemment en uniforme de capitaine de la
garde nationale. Je dis à Bertrand : Tiens, c'est drôle,
voilà un capitaine de la garde nationale qui vient
boire chez vous. Le témoin reconnaît l'accusé Pepin;
il déclare ne reconnaître ni Morey ni Fieschi.

Pepin d'une voix éclatante : Je jure que je n'ai jamais vu cet homme.

M. de Pontecharra, lieutenant-colonel d'artillerie,
appelé comme expert , déclare que le forêt qui lui est
représenté est : selon lui, celui qui a servi à percer
le commencement de lumière d'un canon dont la lumière n'est pas achevée; le forêt s'est cassé contre
la vis de la culasse.

M. de Pontcharra, sur la demande de M.e Dupont
déclare que, d'après l'examen qu'il a fait de la charge des canons qui n'ont pas fait feu, les lingots étaient
entrés à force et se trouvaient à environ un pouce de
la poudre.

M.e Dupont. La manière dont les fusils étaient
chargés annonçaient-elle une main habile?— R. Les
projectiles étaient trop nombreux.

M.e Dupont. Où devaient porter les projectiles?
— R. A trois mètres de l'allée latérale la plus
éloignée de la maison, à la hauteur d'un homme à
cheval.

Fieschi. Morey est connu comme tireur depuis sa
jeunesse, il sait très-bien qu'un fusil chargé comme il
l'a fait devait crever.

L'accusé soutient, comme il l'a fait déjà, qu'il avait
pointé la machine de manière à balayer toute la
chaussée, depuis le côté le plus rapproché de la maison jusqu'au Jardin Turc. Ainsi, dit-il, au lieu de tuer
40 personnes j'en aurais tué 150 ; c'est à la vue de
mon bienfaiteur, M. Lavocat, que je baissai la machi-

ne. Je voyais aussi devant moi mes anciennes connaissances, non pas mes amis, car je ne les compte pas par milliers, moi, mes connaissances, que j'avais travaillé, bu et mangé avec. Je me dis, quoi! tu auras le courage de tirer sur eux?.... Je baissai la machine. Ce n'était pas la peur, car moi et la peur nous n'avons jamais passé par la même porte.

Ce que je dis là, c'est pour rendre hommage à mon bienfaiteur, que sa présence a été cause que j'ai abaissé la machine, c'est pour cela que les canons de gauche n'ont pas partis, cela a épargné 40 balles de plus au roi et à ses fils; ce que je dis n'est pas pour me justifier, mais pour dire la vérité; tant pis pour mes co-accusés s'ils ne la disent pas, je bénis un événement qui a sauvé la vie au roi et aux princes, et qui a épargné à notre patrie les horreurs de la guerre civile et peut-être le retour des cosaques. (Sensation). J'en rends grâce à M. Lavocat, qui a épargné tous ces maux à mon pays; c'est la reconnaissance qui a causé cet heureux résultat; la reconnaissance, c'est ma compagne fidèle, c'est la vertu du Corse; je l'aime comme ma maîtresse,.. Je n'ai plus rien à dire.

M. Pierre, entrepreneur de serrurerie, rue du faubourg St-Antoine, déclare que le 26 juillet, un jeune homme et un plus âgé sont venus chez lui commander une barre de fer coudée; ils se sont expliqués l'un et l'autre comme des gens qui savaient bien ce qu'ils voulaient. Le plus jeune a tiré une carte de sa poche et pliée pour montrer comment il fallait couder la barre.

La dame Pierre, épouse du précédent témoin, dépose des mêmes faits; elle reconnaît Fieschi et Boireau. Selon elle, les deux individus paraissaient savoir également ce dont il s'agissait.

M. le président, à M. Levaillant, député. vous soucenez-vous d'avoir été dîner chez Pepin au commencement de 1835?

R. Oui, monsieur.

D. N'est-il pas venu une autre personne à la fin du dîner?

R. Peut-être, je n'y ai pas fait attention ; elle a pu arriver au moment où nous étions tous debout pour sortir, mais j'oserais affirmer qu'à table il n'y avait aucune autre personne que celles que j'ai indiquées.

D. Je vous fais remarquer cependant que cette personne qui serait l'accusé Fieschi a entendu la conversation sur les députés et sur le tir au fusil ; elle ne peut avoir inventé cela.

D. Fieschi, a-t-on parlé de réforme électorale !

R. Oui, monsieur.

M. Levaillant. Cela est vrai, j'ai dit que ce serait une chose épouvantable.

M. le président. Vous voyez que Fieschi a une connaissance exacte de la cenversatiou qui a eu lieu pendant le dîner. Je dois même vous rappeler que, dans l'instruction, vous m'aviez vous-même déclaré qu'il y était, que vous aviez vu, pendant le repas, entrer un homme de petite taille, ayant les yeux enfoncés et un accent étranger; vous reconnaissez aujourd'hui une partie importante des discours rapportés par Fieschi, et vous n'avez pas à présent le moindre souvenir de l'avoir vu.

Les autres dépositions n'offrent pas d'intérêt.

L'audience est levée à 5 heures 3|4 et renvoyée à demain à midi.

AUDIENCE DU 7.

M. le président : Faites entrer MM. de Pontcharra et Lepage. Le secrétaire va donner lecture du procès-verbal de l'expérience qu'ils ont été chargés de faire hier sur la poudre retirée des canons.

Il résulte de la lecture de ce procès-verbal que la poudre retirée des canons est de la même qualité que celle trouvée dans la poire à poudre de Morey et que la charge se trouve être celle du maximum de cette poire

M. Dyonnet est introduit ; il se dit commissaire de police en retraite.

M. le président : Le 27 juillet 1835, veille de l'attentat, n'avez-vous pas reçu des renseignemens sur cet attentat ?

M. Dyonnet : Ce soir là étant à la représentation de l'opéra, je fus demandé par M. Suireau qui me déclara avoir à me faire une révélation de la plus grande importance. Je lui proposai d'aller chez lui, il aima mieux venir chez moi ; nous nous y rendîmes et là, avec beaucoup d'émotion, il me dit qu'un complot avait été tramé contre les jours de S. M., qu'une machine infernale avait été faite par un habile mécanicien, que des tonneaux de poudre avaient été introduits dans une cave près de l'Ambigu. Je trouvai singulier qu'on eût choisi un habile mécanicien pour introduire des tonneaux dans une cave. Il me dit qu'il tenait ces renseignemens de sa servante, laquelle les tenait de son fils qui les avait sus d'un ouvrier républicain.

M. elle. Emilie Bertrand est introduite : La veille de la revue le fils de M. Suireau et venu à trois heures pour l'avertir de ne pas aller à la revue, parce qu'il y aurait du bruit ; il lui dit qu'il y aurait une machine infernale sur le passage du roi.

Comme son père était absent, il m'a chargé de le lui dire, et je lui ai dit aussitôt qu'il est arrivé ; il était je crois, 5 heurs. M. Suireau fils m'a dit que c'était un nommé Boireau qui le lui avait dit..

M. le président : Regardez ! Reconnaissez-vous l'accusé ?

R. Oui, monsieur. Il a même dit à M. Suireau qu'il devait sertir le soir à 7 heures pour aller faire la répétition sur le boulevart du Temple.

Boireau : Je demanderai au témoin qui me connait où elle m'a vu ? — J'ai vu M. Boireau un jour dans une soupente, il était en train de se raser.

M. le président : L'avez-vous vu plusieurs fois ?

R. Non monsieur.

M.e Paillet : Le témoin a parlé d'une répétition que devait faire Boireau. C'est là un fait grave, il n'en avait pas eucore parlé, je le prie de s'expliquer à ce sujet. ?

— Je l'ai toujours dit.

On ne trouve pas ce fait dans les précédentes dépositions du témoin.

M. Suireau, père : Le témoin rend compte des démarches qu'il a faites chez le commissaire de police Dyonnet; selon lui, il aurait trouvé beaucoup de résistance de la part de M. le commissaire de police, qui lui aurait même montré quelque incrédulité lors de la confidence. Il ajoute que sa fille de boutique lui avait dit que Boireau devait se promener à cheval le long du boulevard, que quant au souterrain dont il a parlé, ce n'était que l'effet d'une induction qu'il avait tirée.

M.e Paillet fait remarquer que le témoin n'a parlé de partie de cheval qu'au mois de septembre.

M. le procureur général fait la même remarque et engage le témoin à s'expliquer à ce sujet.

Le témoin répond qu'il le savait le 27, mais qu'il n'a pas voulu le dire.

M. le président à Boireau : Vous avez commencé à dire la vérité, il faut continuer.

Boireau : J'ai dit toute la vérité. M. Suireau, en impose. Je n'ai jamais parlé de pointage, j'ai pu parler de partie de cheval mais non pas de répétition.

Sur l'ordre de M. le président, Edouard Suireau, fils, commis lampiste, est introduit. Il dépose des faits déjà relatés par son père.

M. le président. Pepin, levez-vous. (L'accusé obéit). Vous le voyez, Boireau a été obligé d'avouer ses relations avec vous. Il reconnait que vous lui avez parlé d'événemens préparés pour le 27 juillet. Vous l'avez entretenu de Fieschi ; vous lui avez recommandé de faire une promenade à cheval sur le boulevard, de vous arrêter vis-à-vis la demeure de Fieschi, en face du Jardin-Turc; enfin vous l'avez engagé à voir Fieschi et à lui parler de faits que l'instruction a dû rattacher à la cause. Vous avez remarqué avec quel soin j'ai travaillé à diriger le débat, en telle sorte que l'exactitude des révélation de Boireau ne soit admise qu'après un examen approfondi. Maintenant, qu'avez vous à dire?

Pepin, d'un ton solennel. Mépriser la calomnie a toujours é'é le devoir d'un sage. M. le président sait que depuis long-temps c'est mon partage. Je n'ai pu dire cela à Boireau, puisque cela n'est pas vrai.

Après quelques autres dépositions que nous ne jugeons pas utile de reproduire, l'audience est levée.

AUDIENCE DU 8.

Après quelques dépositions insignifiantes, la liste des témoins à charge est épuisée. On passe à l'audition des témoins à décharge.

Le sieur Bonnet a donné ses soins à Fieschi ; il a toujours montré beaucoup de courage.

Fieschi. J'ai fait appeler M. le docteur pour constater si ma raison n'a pas toujours été pleine et entière, afin que les ennemis du gouvernement n'aient pas à dire que j'ai fait mes révélations lorsque je n'avais pas ma raison.

M. Bonnet déclare qu'il a toujours joui de sa raison, qu'il n'a remarqué aucune altération.

M. Bouvier, ancien directeur de la prison d'Embrun, dépose que la conduite de Fieschi, pendant la détention dans cette prison, a été exempte d'aucun reproche, et lui a valu d'être nommé contre-maître des ateliers.

Dame Robert, témoin, a vu Morey dans la maison

Boulevard-du-Temple, N. 5o ; il se faisait passer póur l'oncle de m. Gérard (Fieschi) (surprise générale).

Mᵉ Dupont. Mais le témoin a déclaré devant le juge d'instruction.—R. La personne qu'on m'a montrée n'était pas morey. c'est une autre personne qui a été mise sur le champ en liberté. — M. le président. Descendez et regardez l'accusé !... Le reconnaissez-vous ? — R. Oui, monsieur, j'ai même demandé à Mlle. Salmon si ce n'était pas le père de Mme. Léon, elle m'a répondu que c'était l'oncle de m. Gérard, je le reconnais parfaitement.

La fille Salmon est rappelée.

M. le président. Fille Salmon vous rappelez-vous que la femme Robert vous a demandé en voyant monter morey si c'était le père de madame Léon l'un des locataires ? — Le témoin. Oui.

M. Baude, membre de la chambre des députés. Je plains sincèrement Fieschi d'être tombé en de mauvaises mains, s'il avait eu d'autres connaissances il aurait pu rendre de grands et brillans services à son pays. Ce n'est pas à moi à le présenter suos son mauvais côté.

M. Caunes, inspecteur des eaux de Paris, ne connaît aucun fait dont il puisse déposer.

Fieschi lui demande de rendre compte de sa conduite.

M. Caunes donne de longs détails sur les antécédens de Fieschi et sur son fanatisme bonapartiste. Un jour m. Caunes trouva sur sa cheminée un portrait de Napoléon, il l'enleva; Fieschi s'étonna de ce qu'il ne l'avait pas conservé, il s'indigna de cela, mais m. Caunes répondit qu'il n'arborait pas un drapeau sans le connaître. Le témoin raconte ensuite l'entrée de Fieschi au moulin Croulebarbe, les soins que Fieschi prit de lui pendant sa maladie. Il est étonné de voir Fieschi dans une position aussi désespérée.

(Fieschi est ému, il essuie quelques larmes avec sa main.)

Le témoin déclare avec énergie que si Fieschi lui a rendu des services, il les lui a payé avec de l'argent ; quant à Fieschi il fesait ce qu'il appelait des queues, il ne payait pas le salaier des ouvriers, alors que cela fut découvert le témoin le renvoya.

Fieschi. Lorsque M. Caunes a été malade au moulin Croulebarbe, j'ai eu tant de soin de lui que j'allais chasser les chiens autour de la demeure.

M. Caunes. Si j'avais conservé Fieschi chez moi, il ne serait pas là, j'avais assez d'influence sur lui pour l'en détourner.

Bruneau. Interrogé sur ses qualités, le témoin répond : Officier supérieur en retraite, chevalier de St-Louis et de la légion d'honneur.

Je connais Morey depuis long temps, il a travaillé pour moi de son état, et je ne sais de lui que des choses honorables et de belles actions. Au moment de l'attentat on annonça qu'un homme, connu pour l'oncle de Gérard, était accusé de complicité dans le crime. Bientôt j'appris que cet oncle prétendu était Morey. Cette nouvelle je l'avais lue dans les papiers ; mais, moi, messieurs, je ne crois pas aux papiers. (Rires). Je veux tout voir par moi-même. Et voilà, messieurs, comment depuis 1830 j'ai tout vu par mes yeux, tout entendu par mes oreilles. J'allai donc chez Morey, je trouvai sa femme désolée, et j'appris, à ne pouvoir douter, que Morey était inculpé. J'en fus d'autant plus surpris, que, dans le courant de juin dernier, ayant rencontré Morey, il m'aborde et me dit : Eh bien ! qu'en pensez-vous ? aurons-nous l'amnistie ? — Je l'espère, lui répondis-je ; éar j'ai toujours grande confiance dans la clémence du roi. — S'il y a amnistie, reprit Morey, le roi n'ira pas à la revue, nous l'y porterons. (Mouvement).

Morey, continue le témoin, est un homme plein de courage ; je sais que, pendant l'invasion, il a été forcé de fuir de Dijon pour avoir plongé son sabre dans le corps d'un soldat étranger qui tentait de violer une femme,

Pendant les journées de juillet, il s'est conduit en brave, en ce sens qu'il a arraché à la fureur populaire plusieurs malheureux gardes royaux. Mais avant de me retirer, messieurs. je demanderai à M. le président la permission de voir cet infâme, ce scélérat de Fieschi. (Mouvement. Fieschi, qui était occupé à écrire, relève la tête; le témoin se retourne avec une véhémence toujours croissante). Qu'on me le montre, ce Fieschi? Où est-il? Il prétend qu'il s'est rendu utile dans les émeutes! Voyons un peu si je le reconnaîtrais, car j'y étais, moi, et partout. J'y étais avec mes camarades Dulac et Feisthamel. J'avais vu les barricades; j'avais dit à mon ancien camarade Jacqueminot qu'il fallait de l'artillerie. Il envoya une pièce commandée par un lieutenant, et elles ont été enfoncées, les barricades. Laissez—moi regarder ce Fieschi, je verrai s'il y était.

Fieschi, tranquillement. Est-ce que vous ne voyez pas qu'il a la tête fêlée.

(M. Bruneau, ancien militaire, a été grièvement blessé; il a la tête soutenue par un cercle d'argent.

Le témoin. Oui, j'ai la tête fêlée; mais c'est à Wagram, et non par une machine infernale.

La femme Beauvillers, brodeuse.

Le témoin lève la main en entrant dans la salle; et sans entendre les questions de M. le président, commence sa déposition. Je jure de dire la vérité; Mlle. Nina.

M. le président. Attendez-donc.

M. le président adresse au témoin les questions d'usage.

Le témoin. Mlle. Nina.

M. le président. Baissez donc la main.

Il ne faut rien moins que l'intervention [de trois huissiers pour déterminer le témoin à baisser la main.

Le témoin. Mlle Nina a dit qu'à la revue il y au-

rait du bruit : quand elle est revenue, elle disait ;
Mon Dieu ! que j'ai donc du chagrin ! que j'ai donc du
chagrin !

M. le président. Ne disait-elle pas autre chose ?

Le témoin se penchant du côté de l'huissier. Faut-
il que je lève encore la main? Mlle Nina... elle disait
encore. Ah ! que j'ai donc du chagrin. Je n'ai pas pu
en savoir davantage. (Eclats de rire.)

L'audience est levée.

AUDIENCE DU 9

Une masse de témoins à décharge déposent sur des
faits insignifiants et la plupart étrangers au procès.

Bourseau Claude, n'a jamais vu ni connu Pepin,
donne des détails sur les relations et les querelles de
Fieschi, et de la femme Petit. Fieschi l'a menacé d'un
poignard, à cette occasion. Fieschi le menaça de son
poignard.

(Fieschi s'agite sur son banc.)

Fieschi. Concernant la femme Petit, elle peut venir déposer ce qu'elle voudra, je ne répondrai pas ;
j'ai partagé mon lit avec elle ; mais cet homme devrait
rougir de venir ici déposer contre moi, il couche
dans mon lit, il se sert de mes meubles, de mes hardes, de mes chaussettes ; la chemise qu'il a sur le corps
est à moi, c'est moi qui l'ai faite. A sa place j'aurais
honte de venir ici.

Lyon, formier. Pepin est passé chez moi dans la
matinée du 28, vers midi et demi, une heure ; comme j'étais son débiteur, j'ai pensé que c'était pour me
demander de l'argent.

M. le procureur-général à Pepin. Vous avez dit que
vous étiez à cette heure à vos ateliers et le témoin qui
dépose dit que vous étiez passé chez lui.

Pepin. Je ne précise pas l'heure.

Le témoin donne quelques explications sur l'origine de sa dette envers Pepin.

Fieschi. Cet homme est un de ceux qui étaient contre M. Lavocat, revenant à la femme Petit, elle m'a écrit une lettre pour me dire qu'elle avait été coupable envers moi, qu'elle s'en repentait et désirait me voir ; je lui ai répondu que je lui pardonnais et que je lui ferais du bien si je pouvais, mais que je ne pouvais consentir à la voir.

La femme Petit. (mouvement d'attention.)

La femme Petit est introduite. Elle paraît âgée de 45 ans ; c'est une femme maigre, de taille moyenne, rehaussée d'un teint légèrement basané. Elle porte une robe brune à larges manches, un chapeau brun, un voile noir, des manchettes, un fichu blanc et un tour de tête avec des fleurs bleues.

Quand elle entre, la fille Nina Lassave se retire derrière un pilier.

Le témoin se pose à la barre d'un air calme, elle ne paraît pas troublée. Seulement elle répond d'une voix très-basse aux questions de m. le président. m.e de la chauvinière transmet à haute voix ses réponses à la cour.

Répondant aux questions d'usage, elle déclare se nommer Laurence Petit, veuve Ablot, tenant une pension bourgeoise, rue Grenelle-St-Honoré n. 35. Elle ne connaît pas Pepin ; si on l'interroge, elle répondra.

m.e Marie. Fieschi ne lui a-t-il pas fait proposer de se remettre avec lui.

Le témoin. Fieschi l'a bien fait appeler rue Montreaux, n. 11, elle n'y était pas quand Fieschi est venu, il lui a fait la proposition de revenir avec elle, mais j'ai répondu qu'elle ne le pouvait pas, car ce serait contracter de nouvelles obligations envers lui.

Sur la demande de m.e Dupont, le témoin dit qu'il dit que Fieschi lui a parlé de complot en 1832, qu'il s'agissait de tuer les ministres, enfin tout ce qui ce rattache à un complot. Le témoin conteste la déposition de m.. Caunes sur certain point, arrivant au convoi du général Lamarque, elle rapporte que Fieschi n'y est pas allé, qu'ayant rencontré m. Lavocat le lendemain, celui-ci aurait dit qu'il avait perdu une bonne occasion de se signaler et d'améliorer sa position, ce que Fieschi aurait rapporté au témoin, femme Petit, qui lui aurait répondu : Si vous aviez gagné la croix pour vous battre contre des patriotes, je ne serais pas restée votre amie.

m. Lavocat, rappelé, dit qu'effectivement ayant rencontré Fieschi, il lui témoigna sa surprise de ne pas l'avoir vu, et lui dit qu'il avait perdu une belle occasion d'améliorer sa position.

m.e Dupont a adressé une question à Fieschi sur l'emploi de diverses sommes mentionnées en son carnet.

Un débat sans importance s'engage sur ce sujet entre m.e Dupont qui discute les détails du carnet de Fieschi qui donne des explications.

Fieschi. Je ne puis répondre qu'à la cour. Si la cour m'ordonne de parler, je le ferai; mais je ne veux pas discuter avec vous qui êtes avocat.

m.e Parquin. La cour peut avoir observé que les avocats de Fieschi ne font ressortir aucune des charges contre Morey, l'avocat de Morey doit sentir lui-même l'inconvenance de cette insistance; nous ne voulons pas échanger le rôle de défenseur de Fieschi contre celui d'accusateur.

m.e Dupont. Il faut que je m'éclaire pour plaider.

m.e Parquin. Fieschi recueillera ses souvenirs et donnera des détails par note; et peut être le défenseur de Morey n'aurait il pas du attendre ce moment pour le demander.

m.e Dupont. Je répondrai au défenseur de Fieschi, qu'il me semble que la vie d'un homme doit être aussi chère à M. le procureur général qu'aux défenseurs, et qu'il aurait bien pu se procurer les élémens.

M. le président. M.e Dupont pesez vos paroles, le ministère public connaît son devoir, il parlera demain. Il ne vous appartient pas de lui tracer la ligne de conduite qu'il a à suivre.

M. le Procureur-général. Nous avons recherché tous. les élémens qui étaient pour ou contre l'accusation et demain, lorsque nous prononcerons notre réquisitoire vous serez à même de reconnaître que nous n'avons rien omis.

L'audience est renvoyée à demain pour entendre M. le procureur général.

AUDIENCE DU 10.

Le procureur général entre dans la discussion des faits. de l'accusation et rappelle un à un tous les détails qui ont précédé l'attentat et qui l'ont préparé. L'achat du bois , de la malle, des canons de fusil, la manière dont ils ont été placés sur la machine , la promenade à cheval de Boireau.

M. le procureur général aborde les faits relatifs à Bescher, en ce qui concerne le livret et le passeport; Bescher se défend, comme beaucoup d'accusés se défendent en mentant, il dit avoir perdu son livret et avoir pris un passeport pour se rendre à Auxerre ; or, ceci était entièrement faux. Mais si Bescher ne savait pas à quel objet devaient servir le passeport et le livret, l'accusation n'aurait pas à demander des peines contre Bescher ; aussi, dans le réquisitoire que nous prononcerons, telles seront nos conclusions, nous abandonnerons l'accusation contre Bescher.

Arrivant à Morey, Pepin et Boireau , M. le procureur général expose leurs antécédens politiques , leurs opinions exagérées , leur affiliation à la société des droits de l'homme, les paroles de Morey relatives à son ardent désir de tenir le roi au bout de son fusil , même à 150 pas , le regret de ne pouvoir miner la chambre des députés pour la faire sauter avec le roi.

Les accusés avaient reçu Fieschi dans leur intimité, il est évident que Fieschi avait des complices, il faut les chercher dans ses amis intimes qui avaient un intérêt caché à l'accueillir. A-t-on nommé cet autre individu qui aurait entretenu cette intimité avec Fieschi.

M. le procureur général fait ressortir la parfaite ressemblance qu existe entre les dépositions de la fille Nina relativement à Morey et à Pepin. Quel motif de cette haine de Fieschi contre Morey et Pepin. Comment Fieschi et Nina se seraient-ils unis pour donner cette version. Ces deux individus se sont rencontrés dans leurs déclarations parce que les faits étaient vrais. Puis, comment admettre que Nina, connaissant le crime d'avance et regardant Fieschi comme son appui et son soutien, ne se fût pas attachée à ses pas ne l'eût pas détourné de le commettre.

M. le procureur général continue à discuter la déposition de Nina en ce qui a rapport aux événemens qui ont suivi le crime, les aveux que Morey lui a faits.

Une maxime coupable a échappé au défenseur, il a dit que loin d'avoir mal fait de déguiser la vérité à la justice, Morey avait bien fait, il le lui aurait même conseillé. C'est là une maxime subversive de toute morale en justice, nous ne la comprenons pas dans la bouche d'un avocat. L'innocence ne craint pas la vérité, elle la cherche.

Me Dupont prononce quelques paroles que nous ne pouvons entendre.

(Mouvemens, rumeurs.)

Nous avons terminé ce qui concerne Morey dans l'accusation, nous passons à Pepin.

M. le procureur général rapporte les antécédens de Pepin, sa conduite dans les troubles de juin, son acquittement devant le conseil de guerre, ses inquiétudes le matin de l'attentat qui le portent à aller chez le commissaire de police demander protection contre les gardes nationaux, ses terreurs qui l'empêchent de coucher chez lui, qui le font errer de maison en maison, même avant que son nom soit prononcé dans le procès, il fuit à Lagny, il craint les lois de la justice, ce n'est point la conduite d'un innocent.

(Pepin baisse la tête dans ses mains et s'appuie sur la barre.)

M. le procureur-général discute longuement le fait des chiffres et des sommes qui prouvent sa culpabilité.

En ce qui concerne la promenade à cheval, les preuves surabondent.

Qui donc aurait pu révéler à Boireau les faits qu'il a fait connaître ? Comment peut-on venir dire que Pepin n'a pas contribué avec les autres à la répétition de la machine, comme on l'a dit.

M. le procureur-général reconnaît que Boireau n'a pas participé à l'attentat, mais qu'il l'a connu. Boireau est le complice de Fieschi ou il n'y a plus de complices.

Cepeudant, et ici notre tâche est moins pénible, Boireau mérite des égards et de l'indulgence ; il mérite une peine, mais pour sa conduite, ses aveux arrachés au milieu d'un combat dont vous avez été témoin.

Nous ne voulons, dit M. le procureur-général, accuser aucun nom, de ces noms mêmes qui ont été prononcés dans la cause et qui ont quelque célébrité. (Mouvement d'attention).

Seulement nous ferons observer que ces hommes, ces restes impurs et corrompus de la Société des droits de l'homme devaient profiter de cet assassinat. N'a-t-on pas vu cette évasion extraordinaire de Ste-Pélagie et n'a-t-on pas dit, messieurs, une chose inconcevable : c'est qu'on venait remplir un mandat au nom d'un de ces accusés qui se sont évadés au moment de cet attentat après avoir promis fièrement de ne jamais manquer à votre justice. Nous n'accusons personne, mais nous pensons que ces hommes savaient le crime et en auraient profité.

M. le procureur-général termine par des considérations générales sur cette horrible catastrophe et sur le besoin de justice qu'éprouve la société.

Pendant ce réquisitoire écouté avec la plus grande attention par la cour, les accusés sont calmes, Morey pose constamment la main sur ses yeux, Bescher est impassible, Boireau écoute et dit quelques mots à son avocat. Pepin met souvent sa tête dans ses mains et l'appuie sur la balustrade; ordinairement il écoute avec les bras croisés et la tête baissée. Fieschi seul paraît plus agité, plus inquiet que les autres, lorsque M. le procureur-général parle des faits qui se rattachent à lui, il se tourne de l'autre côté, il se baisse sur la balustrade, il serre convulsivement son mouchoir quand le procureur-général parle de l'amour de Fieschi pour Nina, cette jeune fille qui l'aimait tant, amour qu'on a exploité, Fieschi essuie quelques larmes et paraît ému. Nina s'était retiré au commencement du réquisitoire.

M. le président annonce que l'audience est suspendue pendant un quart-d'heure.

Mᵉ Patorni, l'un des défenseurs de Fieschi, demande que l'audience soit renvoyée à demain, attendu le besoin d'étudier le réquisitoire de M. le procureur-général.

Mᵉ Dupont, avocat de Morey se joint à cette demande que la cour n'accueille pas.

L'audience est donc suspendue pendant un quart d'heure, on emmène les accusés, Morey prend son bouillon.

M⁰ Patorni, avocat de Fieschi, a la parole.

Le défenseur rappelle les secours rendus par Fieschi pendant le choléra à M. Caunes et au frère de M. Lavocat, son activité à servir d'aide-de-camp à M. Lavocat dans toutes les émeutes.

Après tant de services rendus, comment cet homme se trouvait-il pauvre et sans asile ? pourquoi se voyait-il poursuivi, comme faussaire, sous le coup d'une condamnation aux galères perpétuelles ? Y a-t-il quelque chose de la prudence gouvernementale qui devrait si soigneusement ménager ses amis ? c'est ainsi, messieurs, que cette prudence procède chez nous.

On fit le calcul des sommes que Fieschi avait soutirées au trésor ; M. Thiers craignit d'être soupçonné de vol, et défera Fieschi à M. le préfet de police. (Rumeur.)

M. le président : Il m'est impossible de ne pas faire remarquer au défenseur qu'il ne lui est pas permis d'associer ainsi des noms propres à de pareilles expressions ; sa mission est de chercher à exciter quelque intérêt pour son client, et à adoucir sa position si elle peut l'être.

M⁰ Patorni : J'ai entrepris dans mon plaidoyer de prouver que Fieschi avait été poussé au désespoir par la conduite peu politique du ministre de l'intérieur à son égard, et que tandis qu'on laissait les lois sans exécution pour d'autres ; on poursuivait par un inexplicable acharnement cet homme si dévoué, si... (Rumeurs violentes).

Fieschi se levant et avec violence : Assez de me défendre, je demande que mes avocats d'office soient entendus ; ah ça ! mais vous perdez donc la tête. (Sensation).

M. le président : Avocat, vous devez comprendre que c'est mal servir votre client que de chercher à accuser le gouvernement au lieu de vous borner à justifier l'accusé, vous devez avoir assez de talent pour réduire cette partie de la discussion.

M⁰ Patorni : M. le président, il me semble que je suis seul juge de la défense.

M. le président, avec dignité : La cour des pairs désire entendre une défense ; mais il faut avant tout qu'on lui présente une défense qui puisse être entendue ; l'audience est renvoyée à demain, d'ici là le défenseur pourra réfléchir sur le système qu'il paraît avoir adopté.

Fieschi : Mon avocat et compatriote a eu tort de dire ce qu'il a dit ; j'espère que pendant cette nuit il fera des réflexions, et qu'il achèvera demain son plaidoyer ; je prie la cour de permettre que M.

Chaix-d'Est-Ange, l'un de mes avocats d'office, soit entendu pendant un quart-d'heure.

Me Chaix-d'Est-Ange : Me Patorni avait eu la bonté de préparer la défense, Me Parquin et moi nous nous en étions remis à lui. Si la cour le désire, cependant, je parlerai pendant un quart-d'heure.

L'audience est levée à quatre heures trois quarts.

AUDIENCE DU 11.

On annonce d'une manière positive que Pepin a fait des révélations très importantes depuis hier soir : il a demandé ce matin de très-bonne heure à être conduit devant M. le président ; on s'est empressé de faire droit à sa demande et on l'a amené dans le cabinet de M. le grand référendaire au palais de la cour. On nous assure que M. le duc de Cazes a eu d'abord un long entretien avec lui, et qu'il a ensuite envoyé chercher M. le président.

M. le président : Pepin nous ayant fait savoir par une lettre en date d'hier soir qu'il avait quelque chose à nous dire, nous l'avons fait venir ce matin dans notre bureau et nous a fait une déclaration dont le secrétaire des archives va donner connaissance à la cour.

(Mouvement général d'attention mêlée de surprise dans plusieurs parties de la salle.)

M. de la Chauvinière donne lecture des révélations de Pepin, desquelles il résulterait que Boireau est venu lui demander son cheval, qu'il le lui aurait prêté sans s'informer du motif, et que celui-ci serait monté à cheval et se serait promené le long du boulevart, que lui Pepin n'aurait eu aucune connaissance de l'attentat ni par Boireau ni par d'autre.

M. le président : Pepin vous venez d'entendre la lecture de vos déclarations? — Je vous ai dit la vérité... en vous disant... cela. Je ne pourrais pas préciser quel jour Boireau est venu me demander mon cheval; je ne l'avais encore vu qu'une fois... je sais que c'est peu de tems avant l'attentat.

D. Boireau, vous venez d'entendre la lecture des déclarations de Pepin? il en résulterait que vous êtes monté à cheval?....... Qu'avez-vous à dire ?

Boireau : (avec émotion). Monsieur le président, je me suis tû pendant six mois, par compassion pour un père de famille; mais aujourd'hui ma position est changée. Je vais vous dire toute la vérité.

Le dimanche j'ai diné chez l'homme de recette de M. Vernert; en quittant, je suis allé sur le boulevart du Temple et arrivé là, je me suis décidé à aller chez Pepin (il entre dans les détails qu'il a déjà donnés), puis il ajoute : Il me demanda s'il y avait long-tems que j'avais vu Fieschi. Je lui répondis que je l'avais vu ce matin. Il me parla ensuite de la revue et me dit qu'il y aurait peut-être du bruit. Nous parlâmes un peu à ce sujet et ensuite il me dit de revenir le lendemain vers le soir, qu'il m'attendrait sur le canal et qu'il y aurait une promenade à cheval à faire, et ajouta qu'il lui était impossible de la faire lui-même, attendu qu'avec sa grande redingotte jaune il serait bientôt reconnu. Je lui objectai que je ne savais pas monter à cheval, cependant il me décida et le^g 'endemain je revins. Il se trouva au rendez-vous et me conduisit chez lui. Pour preuve de ce que je vous dis, voulez-vous que je vous fasse la description de son écurie ?

M. le président. Boireau ! Dites ce que vous savez, vous avez la parole ?

Boireau fait la description de l'écurie. et ajoute : Il est vrai que je suis monté à cheval, je suis allé ensuite sur le Boulevard du Temple, et ayant été pris là par la pluie, je suis retourné chez Pepin. Voilà l'exacte vérité.

Fieschi. M. le président n'a pas oublié que je n'ai jamais dit avoir vu Boireau devant ma fenêtre ; au contraire, j'ai toujours dit ne pas l'avoir vu. Cela s'explique : c'est que la pluie l'a fait retourner avant d'être arrivé.

M. le président. Pepin, vous venez d'entendre Boireau ! Il n'est pas d'accord avec vous ?

R. Boireau est venu chez moi, et m'a donné quelque idée sur le projet, mais j'affirme n'avoir rien su.

Boireau. Pepin m'a dit aussi que le lendemain il devait se réunir avec quarante individus. J'ai toujours présumé que c'était pour l'attentat.

Pepin. Je ne prétends pas dire que... Boireau... soit complice de Fieschi... mais il a pu être entraîné comme les autres... comme un père de famille... (Pepin ne peut achever sa phrase.)

D. Boireau, vous avez dit que vous aviez été à cheval ?

R. Oui, M. le président. C'est Pepin qui m'y fit monter et me dit de m'arrêter en face du Jardin–Turc.

D. Vous entendez, Pepin ! avez-vous quelque chose à répondre ?

R. Pepin entre dans une telle dénégation qu'il est impossible de suivre le sens des phrases entrecoupées qu'il prononce. Il ne lui est pas possible de prononcer deux mots sans s'arrêter et avec suite, chaque mot meurt ayant d'être sorti de sa bouche.

La situation dans laquelle il se trouve semble inspirer quelque compassion aux assistans ; enfin, ne pouvant plus articuler aucune parole, il tombe sur son banc comme anéanti, il semble prévoir un nouveau coup qui va porter sur lui.

En ce moment Boireau demande la parole, M. le président la lui accorde.

Boireau : Monsieur le président, je vais vous dire quelque chose qui vous convaincra de la vérité de ce que je vous ai dit : Ce matin en venant à l'audience, Pepin m'a dit en passant devant des gardes municipaux : Dites donc que c'est Bescher qui est venu chercher mon cheval. Les gardes sont là, ils peuvent le dire.

D. Gardes, avez-vous entendu ce propos.

L'un des gardes. Je les ai séparés, mais je n'ai pas entendu ce qu'ils disaient.

Boireau. Bescher me l'a répété. L'accusation étant abandonnée à son égard, il peut dire la vérité.

D. Connaissez-vous cette circonstance, Bescher ?

R. Boireau dit la vérité, M. le président, Pepin a tenu ce propos. (Mouvement général de surprise).

Pepin. Je sais bien que je suis condamné, les larmes de mon épouse me le prouvent, mais je jure que je suis innocent.

M. le président. Vous avez commencé à dire la vérité il y a quelques jours vous auriez mieux fait de la dire encore toute entière, la véritable manière d'adoucir votre sort c'est de rendre service à la société en l'éclairant sur cette odieuse machination. Si vous savez quelque chose encore, je vous adjure de le faire.

Boireau. Je vous jure, M. le président, que j'ai dit la vérité, je n'en sais pas davantage. J'aurais parlé au commencement de l'audience si mon défenseur ne m'avait engagé à ne pas le faire.

M. le président adresse quelques nouvelles exhortations à Boireau et lui parlant de l'attentat de la route de Neuilly dans lequel il est impliqué, il lui rappelle que Fieschi a dit qu'il était informé et qu'il savait les noms de gens qui lui avait fait des propositions.

Boireau persiste à dire qu'il ne se rappelle rien.

M. le président. A la fin de l'audience je vous interrogerai encore sur ces faits et alors vous répondrez. Vous avez parlé d'un brocanteur ?

Boireau. Je ne me souviens pas du nom.

Après quelques autres questions Boireau dit : si ces gens restaient en prison je pourrais les charger, mais je ne veux pas améliorer mon sort à leurs dépens.

M. le président. Je vous ai dit qu'à la fin de l'audience je vous interrogerai.

Boireau se rassied.

Fieschi se levant. Messieurs, les journaux que j'ai lu ce matin disent que j'ai retiré ma défense à M⁰ Patorni, le fait n'est pas exact je l'ai invité seulement à se modérer.

M⁰ Patorni présente quelques observations sur ses paroles d'hier, concernant les poursuites dont Fieschi a été l'objet, et sur l'influ—ence de cette cause, sur le dérangement d'esprit qui a déterminé Fieschi à son attentat. Il termine en disant qu'il y a eu dans l'esprit public un revirement en faveur de Fieschi, cet homme que l'on voyait d'abord avec horreur est vu maintenant avec sympathie comme victime de sa position, de ses complices et de son point d'honneur.

M⁰ Chaix-d'Estange. Aujourd'hui la défense de Fieschi a été présentée en entier; je pense qu'il ne serait pas convenable pour la cour, ni pour le défenseur de Fieschi, d'ajouter un moment à cette défense.

M. le président. Que dit l'accusé?

M⁰ Chaix-d'Estange. L'accusé s'en rapporte entièrement à moi.

La parole est à M⁰ Dupont, défenseur de Morey.

M.e Dupont, avocat de Morey, a la parole. Avant de parler pour mon client, peut-être aurais-je besoin de me justifier moi-même de quelques mots que j'ai pu prononcer dans le débat, mais dans une affaire aussi grave je me défendrai de toute préoccupation étran—gère à l'intérêt de mon client.

Le défenseur s'attache à établir un parallèle entre les antécédens de Fieschi et ceux de Morey. Il se demande ensuite quelle peut être la cause des accusations de Fieschi. Fieschi, dit-il, appelle la mort, mais il l'appelle trop haut pour qu'on pense qu'il la désire. Il se dit: il n'est pas de peine qui ne puisse s'amoindrir, et entre la mort et une prison perpétuelle, il y a une immense distance. Voilà donc son motif trouvé, son motif évident, et on peut appré—cier ses déclarations. Lui, avec sa vanité qui lui a fait chercher une sanglante illustration, il se place au troisième rang; il n'est plus l'auteur du crime; il n'en est plus que l'exécuteur. Ne vous ai-je pas signalé déjà l'intérêt qui le fait agir de cette manière? Je ne lui reproche pas de vouloir sauver sa tête; ce que je lui reproche, c'est de vouloir la sauver en perdant celle d'un honnête homme.

L'avocat s'attache à combattre les propos attribués à Morey par Fieschi. Ces propos ne sont allégués que par Fieschi seul, et Morey les nie; or, entre une personne qui affirme et une qui nie, on ne saurait hésiter. Il explique les relations de Morey avec Fieschi, en disant que celui-ci s'est présenté comme poursuivi par la police, et que sous ce prétexte il a excité la pitié d'un homme généreux, qui, voulant le faire sortir de Paris et lui procurer des moyens de travailler en province, lui a procuré, sous le nom de Bescher, un livret d'ouvrier et un passeport.

L'idée première du crime ne peut venir que de Fieschi; elle doit être contemporaine de l'invention de la machine; car une machine qui ne peut-être chargée qu'une fois, ne saurait être considérée comme une machine de guerre, ce ne peut être qu'une arme d'assassin qui doit commettre son crime et fuir ensuite.

L'orateur arrivant à parler des insinuations qui feraient peser sur Cavaignac et Guinard une partie de complicité dans le crime, dit qu'ils peuvent être persécutés pour leurs opinions poliques, mais qu'en pressant leur main, il n'a jamais pensé serrer la main du complice d'un assassin.

M. le président. Il n'y a pas contre eux de persécutions, mais des condamnations judiciaires.

M.e Dupont. Soit; ils sont condamnés; mais encore est-il vrai qu'ils sont condamnés pour une cause politique; mais l'idée de l'assassinat, mais la pensée de massacrer du même coup une population entière, ne saurait naître que dans une âme comme celle de Fieschi; mais aucun pouvoir ne pourrait m'empêcher de protester avec énergie en leur nom contre l'imputation de toute complicité dans ce crime.

Une voix, partie d'une des tribunes publiques: Bravo!

Plusieurs membres de la cour: On a fait entendre dans une tribune des marques d'approbation.

M. le président donne l'ordre qu'on fasse évacuer la tribune.

Les huissiers se disposent à exécuter cet ordre, lorsqu'une personne se retire volontairement de la tribune.

M.e Dupont continue sa plaidoirie. Il analyse les témoignages des personnes qui ont reconnu Morey.

Quant à la question principale, celle de savoir si Morey a été dans la maison de Fieschi la veille de l'attentat, l'avocat soutient que personne ne peut dire qu'il l'y a vu. Ainsi donc rien ne prouve qu'il ait été charger les canons; il n'y a donc dans la cause, à l'égard de Morey, rien autre chose que les calomnies de Fieschi, et le désir atroce de faire périr un innocent.

M.e Dupont demande quelque momens de repos.

L'audience est suspendue pour un quart d'heure.

Il est quatre heures.

L'audience est reprise à 4 heures 3|4.

M.e Dupont continue sa plaidoirie ; il rappelle qu'il a prouvé que la fréquentation par Morey de la maison de Fieschi n'est justifiée par aucun élément du procès ; il soutient que nécessairement un autre individu que Morey a été le complice de Fieschi. Supposons, dit-il, que ce soit un corse , un corse ne trahit pas un corse ; mais un français , ce n'est pas un compatriote ; et Fieschi a accusé un français.

Le défenseur se livre à une argumentation extrèmement développée dans laquelle il s'attache à prouver que toutes les déclarations de Fieschi en ce qui concerne Morey sont complètement fausses, et qu'il y a eu erreur de la part des témoins qui ont cru le voir venir dans la maison boulevard du Temple , n. 5o.

A six heures moins un quant l'audience est levée et renvoyée à demain , pour la continuation de la plaidoirie de M.e Dupont.

AUDIENCE DU 12.

M.e Dupont continue sa plaidoirie pour l'accusé Morey. Il s'occupe spécialement d'examiner quelle peut être, à l'égard de son client , la valeur morale du témoignage de Nina Lassave; il soutient qu'il est impossible qu'un homme expérimenté comme Morey ait sans nécessité fait des confidences aussi importantes à une jeune fille sans consistance et sans ressource. Il soutient qu'il est beaucoup plus probable que Nina , élève de Fieschi et aussi dissimulée que lui , aura reçu ses confidences avant l'attentat, et que , pour écarter tout soupçon de complicité , elle aura voulu faire croire à la justice que c'était de Morey qu'elle tenait ces détails. Il rappelle la présence de la fille Nina près du lieu de l'attentat , et les singuliers pressentimens qui l'agitèrent au moment de l'explosion et après.

Si vous acquittez mon client, le devoir de l'avocat est terminé dès l'instant de votre arrêt. Si , au contraire, vous le condamnez, oh! messieurs, alors ma tâche ne fera pour ainsi dire que commencer. Fieschi avait un complice qui ressemblait à Morey. Eh bien! je n'aurai pas un jour, pas un instant de repos, que je ne l'aie découvert ; craignez, car alors la tête de Morey sera tombée !

M.e Marie, avocat de Pepin , a la parole.

Vous m'avez confié la vie d'un homme à défendre, j'ai besoin , pour avoir la force de remplir ma tâche, de croire qu'en me présentant devant vous je ne viens pas lutter contre des convictions toutes formées, car si je me crois capable de chercher à dissiper des doutes, je ne me sens pas la force de lutter contre des opinions arrêtées.

L'avocat s'attache à expliquer le motif des relations qui ont existé entre Pepin et Fieschi; il allègue que ces rapports de la part de Pepin ont été tous de bienfaisance; mais que, quel qu'en ait été le caractère, ils ont été moins fréquens à mesure qu'on s'est approché de l'instant où le crime devait être commis, et le contraire aurait dû avoir lieu si Pepin eut été le complice de Fieschi.

Non, messieurs, dit-il, Pepin ne peut pas être le complice de Fieschi. Rappelez-vous bien quelle date aurait la conception du crime, quand aurait commencé le complot. C'est Morey qui a mis Fieschi en rapport avec Pepin, et ces premiers rapports auraient été le commencement du complot? Il aurait été arrêté, convenu dans la première entrevue, c'est-à-dire dès le mois de mars ou d'avril? Et cependant comment expliquerez vous, dans cette hypothèse, ces propos attribués par Fieschi: « Comment, lorsque tant de gens se font condamner aux galères à perpétuité, pour des misères, il ne se trouvera pas un homme qui pour un billet de 1000 fr. délivrera la France de Louis-Philippe? » Et moi, ajoute Fieschi, je compris que Pepin, poltron et avare, n'osait pas me dire: Commets le crime, et je te donnerai 1000 fr.

Comprenez-vous, messieurs, que ces paroles eussent pu être proférées, si le complot eut été arrêté à l'avance? Ces propos, au nom de Pepin, je les repousserais avec indignation dans tout autre circonstance; mais je les saisis avec empressement, car ils démontrent que Fieschi a menti sur ce point, et qu'il a pu mentir sur des faits plus graves.

L'accusation vous a dit que Pepin a payé le prix du logement de Fieschi, et cependant personne ne peut dire l'avoir vu dans ce logement, mais a-t-il au moins fourni de l'argent? Dans ses premiers interrogatoires, Fieschi, à cet égard, s'est tenu dans la réserve; il a soutenu ensuite que Pepin lui avait fourni 130 fr. pour acheter les canons de fusils, mais cela ne peut pas être vrai, puisque les canons de fusil ont coûté 187 fr. 50 c.; et ce qui prouve encore mieux la fausseté de cette allégation, c'est que Fieschi convient n'avoir pas montré la facture à Pepin, et pourtant il aurait fourni l'argent !

Pepin, l'agent principal du complot, selon Fieschi, n'a pas même été voir la machine, il l'a eua pour la première fois sous les yeux à votre audience; il n'est pas même resté constamment à Paris; quinze jours avant l'exécution il est allé passer quelques jours dans sa famille, et la surveille même il est allé, avec sa femme et ses enfans, se promener au bois de Vincennes.

Dira-t-on que c'est par lâcheté qu'il a voulu fuir et se cacher? Mais alors comment comprendre qu'un homme aussi résolu que Fieschi ait accepté pour complice un lâche et peut-être un traître; la lâcheté inspire la méfiance, et son poignard en aurait fait prompte justice.

J'avais à cœur, messieurs, de vous démontrer que Pepin n'avait pas été le créateur et l'organisateur du complot. Je passerai sur les détails qui vous ont été donnés hier par mon défenseur Dupont, car ces détails serviront en même temps à Pepin. Pour le dessin de la machine, pour l'expérience dans les vignes de Montreuil. M.e Dupont vous a prouvé que Morey et Pepin avaient pour unique accusateur l'accusé Fieschi.

Arrivant au fait de l'inscription de la somme de 218 fr., 50 c., trouvée tout à la fois sur un registre de Pepin et sur le carnet de Fieschi, le défenseur soutient, comme l'a fait son client, que cette somme avait été demandée à titre d'emprunt par Fieschi, afin de lui procurer les moyens de rentrer avec la femme de Petit, et en effet, cette femme déclare elle-même que Fieschi, pour rentrer avec elle, lui aurait proposé une somme de 200 fr. environ, nécessaire pour payer ses dettes. Cette explication, bien qu'elle paraisse présenter quelques invraisemblances, a été invariablement soutenue par Pepin.

M.e Marie discute les chiffres portés dans le carnet, et qui constituent les 218 f. 50 c, et soutient que de quelque manière qu'on les combine, il est impossible de faire qu'ils se plient à l'explication donnée par Fieschi. Ce qui prouve au surplus que Pepin n'avait rien dans ses registres qui pût le compromettre, c'est que, malgré l'arrestation de Fieschi, et la crainte qu'il aurait pu avoir de révélations de la part de celui-ci, il n'a pas fait disparaître les registres, ou tout au moins la mention accusatrice.

J'ai essayé, dit M e Marie, de bien vous faire comprendre la pensée qui m'a dominé. Si vous étiez persuadés que Pepin a pris part au complot, vous devriez reconnaître du moins qu'il n'en a été ni l'âme ni le créateur. Vous vous rappellerez, d'ailleurs, que Fieschi seul l'accuse. Fieschi mourant avait proclamé l'innocence de Pepin; il est sauvé par un miracle de l'art, et il reprend sa ruse et son astuce. Mais la cour ne s'abaissera pas devant la parole de

Fieschi ; elle ne croira pas Pepin coupable, parce que Fieschi l'accusé.

L'audience est suspendue pour un quart-d'heure.

L'audience est reprise à 4 heures 1|4.

M.e Paillet, avocat de Boireau, a la parole.

Messieur, dit-il, avocat de Boireau, je dois avant tout adresser des actions de grâces au ministère public pour les paroles bienveillantes qu'il a fait entendre en faveur de mon client, et cependant l'accusation est bien menaçante encore : sa liberté, son avenir sont compromis.

L'avocat entre dans l'examen des faits qui constituent contre Boireau l'accusation. Il n'a coopéré en rien, dit-ll, à la location du logement où devait se commettre le crime. Il a fallu du bois pour construire cette machine ; il n'a concouru en aucune manière à le procurer. Il faut enfin trouver les derniers instrumens du crime, les canons de fusil ; il est entièrement étranger à leur achat.

Il n'a coopéré en rien de ce qui était nécessaire à la confection de la machine infernale. Il existe cependant une charge qui pourrait lui être opposée ; il a assisté à l'achat d'une barre de fer ; mais ici encore, je dois rendre grâce au ministère public, qui vous a dit que Boireau avait pu être accidentellement présent à cette acquisition, et vous avez entendu cette justification sortir plus d'une fois de la bouche de Fieschi.

Vous l'avez entendu, avec ces images qui lui sont familières, vous dire : mais Boireau est comme les chiens, on a beau les chasser ils reviennent toujours.

On reproche à Boireau d'avoir prêté à Fieschi le foret, l'archet, la conscience qui ont servi à percer les lumières de plusieurs des fusils ; mais est-il prouvé qu'il ait su à quel usage ces instrumens étaient destinés ? Fieschi lui avait dit avoir besoin d'un forêt pour percer cette barre de fer qu'il avait commandée afin de la mettre à une croisée ; mais, lui répondit Boireau, ces instrumens existent dans la boutique où je travaille, et je vous les prêterai. C'est ainsi que Boireau lés lui a remis.

Il est vrai que Suireau dépose que Boireau lui aurait dit : J'ai été faire des trous à notre affaire. Ah ! s'il en était ainsi, messieurs, je le reconnais, il y aurait complicité ; mais qui dira que cette confidence ait été faite ?

L'avocat passe en revue les différentes dépositions de Suireau. Il fait observer que ce n'est qu'à une époque assez avancée de l'instruction qu'il a parlé de cette dernière circonstance que lui aurait

confiée Boireau, tandis qu'il n'en est pas mention dans ses dépositions premières.

Examinent ensuite ce qui concerne la course à cheval qui aurait
été faite par Boireau sous la fenêtre de Fieschi, pour aider au pointage de la machine; le défenseur s'arrête aux dernières déclarations
de Boireau, et soutient avec lui que, monté à cheval à l'écurie de
l'epin, il n'a pas été jusques vis à vis la maison de Fieschi, et qu'il
est revenu sur ses pas, arrêté par ses réflexions et peut-être aussi par
la pluie qui a tombé dans cette soirée.

De cette augmentation et de tous ces rapprochemens, le défenseur conclut que si Boireau a été aussi près du complot que cela
était possible sans y tremper il échappe cependant à l'application
de la loi pénale; mais si la cour pouvait ne point partager cette conviction, elle trouverait du moins dans la haute juridiction dont elle
est investie, les moyens de modérer la peine en faveur de ce jeune
homme, qui n'a pas été l'âme du complot, et qui tout au plus, en
a été l'aveugle instrument.

M.e Paul Fabre, défenseur de Bescher, a la parole : Vous avez
entendu, messieurs, dit-il, les déclarations de Bescher. Dans le
commencement de l'instruction, pour ne pas compromettre un ami,
il avait fait un mensonge dangereux pour lui, mais dangereux pour
lui seul; ce mensonge seul, vous a dit M. le procureur général,
l'accusait : la vérité l'absout.

Le défenseur demande que Bescher ne soit pas seulement acquitté, mais que la cour veuille bien, en motivant son acquittement,
proclamer son innocence plutôt que sa non-culpabilité.

M. le président. L'audience est renvoyée à demain, pour la réplique du ministère public.

M.e Parquin. Je demande à la cour une demi-heure demain, à
l'entrée de l'audience.

AUDIENCE DU 13.

M.e Parquin se joint, dit-il, au ministère public pour adresser
des remercimens à la Providence d'avoir su conserver les jours de
notre excellent roi et des princes ses fils; après avoir fait le tableau
de l'attentat, le défenseur dit : je viens appeler une sorte d'intérêt
sur son auteur. Il rappelle ensuite la conduite de Fieschi pendant
la guerre de la Calabre, où il s'est distingué comme un brave guer-
rier; puis il arrive à la défaite de l'armée de la Calabre; c'est-delà,
dit-il, que date le malheur de mon client; on ne disait plus; c'est

un homme courageux. On disait: c'est un brigand de la Calabre; et il fut condamné, comme tous ceux qui avaient fait partie de cette armée, à la peine de mort. M.e Parquin combat avec force le reproche de vol que lui ont adressé les défenseurs de Morey et Pepin; il s'agit, dit-il, d'un fait qui, commis en France et soumis au jugement d'un jury, aurait été bien certainement absou. La révolution de Juillet a trouvé Fieschi dans les rangs des combattans. Veut-on le suivre dans les prisons d'Embruu? On le trouvera méritant la confiance et la bienviellance de tous ses chefs. Examinant la conduite de Fieschi depuis la révolution de Juillet, le défenseur s'écrie: N'y a-t-il pas quelques sentimens élevés à côté d'une conduite si atroce? Messieurs les pairs, traitrez-vous Fieschi repentant comme vous auriez traité Fieschi avouant son crime, en faisant parade de toutes les victimes? Non, je ne le crois pas, et quoique Fieschi ait toujours protesté contre une grâce qui lui serait accordée, je pense que vous trouverez dans la cause quelques circonstances atténuantes.

Cette improvisation, qui a été écoutée avec une religieuse attention, est suivie d'une longue agitation.

M. le procureur-général prend la parole ensuite pour sa réplique. Il aborde d'abord l'accusation portée contre Boireau et Pepin: comme dans son premier réquisitoire, il trouve que Boireau est complice, car il ne s'agissait que de non révélation. —Boireau aurait été mis hors de cause; mais les révélations qu'il a faites à Suireau fils, prouvent jusqu'à l'évidence sa complicité, et d'ailleurs n'est-il pas prouvé qu'il a fait la promenade à cheval? N'a-t-il pas prêté son foret pour percer les canons? Il ne parait pas croyable qu'il ait prêté son foret ni fait la promenade à cheval sans en connaitre l'objet. Toutefois, le ministère public recounaît qu'il y a des circonstances atténuantes à son égard, et il se fait un devoir de recommander Boireau à l'indulgence de la cour.

Pepin, dit M. le procureur-général, est bien certainement le complice de Fieschi; c'est lui qui a donné l'argent pour le bois, pour les canons; c'est lui qui devait monter à cheval pour pointer la machine, et s'il n'y est pas monté, c'est dans la crainte d'être reconnu; n'en a-t-il fait à-peu-près l'aveu hier, lorsqu'il dit à Boireau de dire que c'était Bescher qui était venu chercher son cheval. Quant à Morey, n'y a-t-il donc que la fille Nina qui l'accuse? Mais la fille Salmon et la femme Robert ne le reconnaissent-elles pas pour l'avoir vu dans la maison n. 50 du boulevard du Temple? Et Fieschi ne l'avoue-t-il pas? Quoi, on prétend que Fieschi fait des déclarations mensongères! Mais on oublie donc que Fieschi avait des complices ! Et puisqu'il a des complices, pourquoi aurait-il nommé plutôt Morey, à qui il avait beaucoup d'obligations, que son véritable complice, si celui-ci ne l'était pas ; Fieschi n'avait aucun intérêt à nommer plutôt Morey qu'un autre, et il est bien certain qu'il n'a dit que la vérité ; c'est même en disant la vérité et en faisant connaître ses complices qu'il a commencé l'expiation de son crime.

M. le procureur-général termine ses répliques en donnant lecture de son réquisitoire. Il en résulte que les charges relatives à l'accusé Bescher ne lui paraissant pas suffisamment établies, il s'en remet, à son égard, à la haute sagesse de la cour. Quant aux accusés Fieschi, Morey et Pepin, il conclut à la condamnation sur tous les chefs. Quant à l'accusé Boireau, il se remet à la haute sagesse de la cour, tout en le déclarant coupable, pour tempérer la peine, si elle le juge convenable.

M. le procureur-général a prononcé son réquisitoire d'une voix très-émue; on l'entendait à peine lorsqu'il a parlé de l'application de la peine.

Une longue agitation succède à ce réquisitoire. Aussitôt que le calme est rétabli, M.e Dupont s'approche de la barre, et M. le président lui accorde la parole pour sa réplique. Le défenseur représente quelques argumens qu'il a déjà présenté; puis il s'élève contre les révélations de Fieschi qu'il trouve mensongères. Il n'aurait pas choisi pour les faire, dit-il, s'il avait voulu dire la vérité, M. Ladvocat, c'est au magistrat instructeur qu'il les aurait faites; tout ce qu'il a fait, il l'a fait par intérêt et dans l'espoir de sauver sa vie.

Il explore aussi les déclarations de Nina Lassave; avant de les passer en revue, le défenseur blâme vertement l'intervention de M. Ladvocat, dans les déclarations de Fieschi; il trouve que n'étant pas initié en ces sortes de fonctions, il a pu oublier ou ne pas rapporter avec toute la fidélité qu'exige ces sortes de révélations. Arrivant à Nina, le défenseur oppose de nouveau les contradictions qui existent entre ses révélations et celles de Fieschi. Il revient sur sa première plaidoirie: les argumens sont à-peu-près les mêmes.

Me Philippe Dupin a la parole pour Pepin. Il s'applique à démontrer que Fieschi, lorsqu'il a été mis en rapport avec Pepin, avait déjà, selon lui, arrêté l'idée du crime : il n'a donc pu jouer dans le complot qu'un rôle subsidiaire.

Il s'attache ensuite à démontrer que dans aucune hypothèse Fieschi ne saurait être cru dans ses déclarations.

AUDIENCE DU 14.

(*Clôture des débats.*)

Mᵉ Paillet a la parole pour l'accusé Boireau. Il s'étonne que M. le procureur-général ait soutenu la complicité de son client.

Mᵉ Chaix-d'Est-Ange. Je croyais devoir garder le silence, mais Fieschi insiste, il veut que je parle, je dois parler, il veut que je parle je le comprends, ce supplice qu'il endure s'est cruellement aggravé depuis trois jours ; des voix puissantes mais passionnées ont défiguré cet homme, il faut dire ses vices et..... ses vertus. Heureux de n'avoir que quelques paroles à dire.

Je vais vous raconter sa jeunesse, sa vie, sa vie militaire et sa vie depuis qu'il est rentré dans la vie commune.

Le défenseur présente un tableau animé et brillant de la vie de Fieschi.

M. Chaix-d'Est-Ange justifie ensuite Fieschi des reproches de vol qui lui ont été adressés, il n'a pas volé M. Caunes, dit-il, il n'a jamais volé M. Lavocat chez lequel pourtant l'or et l'argent étaient sous sa main. C'est la femme Petit, cette femme qui a tenu ce singulier propos : je m'abaissais jusqu'à lui pour l'élever jusqu'à moi, cette femme qui a levé la main devant vous et qui ne le devait pas, qui l'a accablé de ses reproches, cette femme qui l'a jeté dans cette torture morale où il a gémi pendant long-temps, cette femme qui l'a réduit à cet état affreux où sans pain, sans lit, sans asile, sans deux sous dans sa poche comme il l'a dit, c'est cette femme qui l'a conduit en ces lieux , repoussé de tous, réduit à la pure condition de l'homme maudissant la société, le monde, Dieu qui l'abandonne, il est prêt à se vendre à toutes les puissances infernales.

Dans cette horrible position il rencontre des hommes qui spéculent sur sa misère. Il n'a pas lui des passions politiques à satisfaire, il n'a pas été chercher dans les sociétés anarchiques des principes de mal et de meurtre. Ces hommes l'ont poussé au crime. Je ne veux pas accuser, je m'arrête.

Arrivant à sa conduite après l'attentat, l'avocat montre Fieschi refusant obstinément tout aveu, jusqu'à l'instant où après un traitement affreux, des opérations cruelles où la main de l'art est allé fouiller dans sa cervelle pour aller arracher des os, opération supportée sans une plainte, sans un cri de douleur, jusqu'à cet instant où son ancien bienfaiteur vient lui tendre une main amie malgré son crime, lui arracher des larmes et l'aveu de son nom, de son véritable nom, le premier de ses aveux.

Ces aveux sont-ils un calcul, a-t-il fait une spéculation sur la clémence; a-t-il espéré sa vie pour ce prix? Non.

Le défenseur dans un magnifique morceau d'éloquence fait ressortir l'avantage pour la société, pour son repos à venir de ne pas tromper un criminel en lui refusant une récompense qu'il a méritée par ses aveux. La justice ne lui voudra pas devoir un service sans l'avoir payé.

Il ne m'a pas chargé de vous demander sa vie, il ne le veut pas, mais le devoir que vous m'avez imposé m'oblige de vous la demander, je vous la demande.

M⁰ Chaix-d'Estange reproche aux défenseurs de Pepin et de Morey d'avoir dit que l'on voudrait faire à Fieschi un chemin triomphal sur l'échafaud, paroles cruelles et barbares qui ont frappé au cœur cet homme infortuné, ne sont pas de nos temps, et puis si vous préparez sous lui l'échafaud jamais sa marche ne sera une ovation, elle ne sera jamais un triomphe.

Puisque deux complices l'accablent lui parlent d'échafaud, il ose lui vous parler de bonté, d'indulgence, ne le forcez pas à désespérer de Dieu comme il a désespéré des hommes.

Pendant cet éloquent plaidoyer que nous regrettons vivement de n'avoir pu donner textuellement et que la cour a écouté avec un silence d'attente, et quelquefois avec une émotion visible, Fieschi a été constamment agité, ému il baissé la tête, s'essuyer les yeux, se courber sur la barre et donné tous les signes d'une profonde émotion et d'un bouleversement intérieur. Quand M⁰ Chaix-d'Est-Ange est retourné à sa place, Fieschi ne l'a pas remercié, mais il l'a regardé avec un regard de reconnaissance et après un moment de silence.

M. le président. Fieschi avez-vous quelque chose à ajouter à votre défense?

Fieschi se levant et ému. Monsieur le président je serai peut-être en peine de me faire comprendre en ce moment. Les paroles que vient de prononcer mon honorable défenseur ont frappé mon cœur. Si la cour voulait m'accorder dix minutes pour me remettre je...

M. le président. Sans doute, remettez-vous, la cour va suspendre l'audience pendant dix minutes.

L'audience est reprise à trois heures 40 minutes.

Fieschi prend la parole et improvise d'une voix as‑surée les paroles suivantes : Honorables pairs , ne fai‑tes pas attention aux fautes de mon langage ; je me fe‑rai comprendre de mon mieux. Je suis heureux d'avoir vécu jusqu'à aujourd'hui et d'avoir déclaré mes com‑plices, et le plaisir d'avoir été utile à ma patrie, me pénètrent en ce moment ; je ne pourrai pas dire grand'‑chose après le plaidoyer de mes avocats.

J'ai été soldat, vous avez mes états de service , j'ai fait les campagnes de Calabre et de Sicile , j'ai été fait prisonnier et conduit à Malte, mais je *m'échappa* , et je rejoignis l'armée pour la campagne funeste de Russie, j'ai gagné la croix sur le champ de bataille, elle ira au tombeau avec moi. Je *suis été* dilapidé par les avo‑cats de mes complices, je *les* pardonne, c'est mon de‑voir, je désire que moi seul aille à l'échafaud, car vous ne sauriez m'en affranchir.

J'ai été captif pendant 10 années à Embrun ; je me suis conduit en homme de probité et d'honneur ; j'ai *acquéri* la confiance de mes chefs. On me demandera comment, me conduisant bien, j'ai fait mes 10 ans de prison : c'est qu'on savait que je n'étais pas manchot , et qu'on voulait me persécuter, tandis que des gens qui se fesaient punir, et qui tracassaient leurs chefs, s'en débarrassaient par une grâce : Vas te faire pendre ailleurs.

La femme Petit se repentira toute sa vie d'avoir dé‑posé contre moi. Je l'ai aimée, et je l'aime encore, et cependant elle m'a mis à la porte sans chemise , sans ressources, sans cinq sous à mon service. J'ai trouvé un bon vieillard qui m'a nourri à sa table, et m'a gardé chez lui ; le cœur m'a saigné d'être obligé de parler contre lui : je ne l'ai pas fait par vengeance ; mais si en plein midi vous mettez une chandelle allumée au soleil, vous ne la verrez pas ; le plus fort l'emporte ; je n'ai vu que ma patrie. La vie de 10, de 20, de 100 individus, peu m'importe pour la patrie. Les hommes qui, comme moi, ont été jusqu'à la Moskowa, connaissent les tyrans des autres pays ; mais je ne veux pas entrer dans ces détails.

Je ne puis jamais rester en place, je ne m'assieds jamais, je mange même debout, est-ce un défaut, est-ce une vertu ? Je ne dis pas ; mais enfin c'est comme ça ; un jour, en dînant chez Morey, je fais le plan de la machine, Morey s'en empare et le montre à Pepin ; mais enfin ça n'est rien, l'échafaud m'attend et j'y monterai d'un pied ferme.

Pepin et Morey ayant fait partie de sociétés républicaines, convinrent avant le 28 juillet, de faire croire que c'était le parti carliste qui avait fait le coup ; on vous a dit que je suis dissimulé, mais pour ne pas mériter ce titre, il faudrait donc être bavard comme ce gamin de Boireau (On rit). Il dit son secret à tous ses amis, et il les compte par douzaines ; pour moi, je crois que ce n'est qu'à un seul ami, à son avocat et son confesseur, qu'on doit dire son secret ; je suis persuadé cependant que les sociétés étaient averties du coup ; je ne veux pas faire de chanson là-dessus ; je ne suis pas poète.

Il n'y avait que de mauvaises pratiques pour seconder Fieschi. Morey est bon, généreux ; mais il lui faut des coups de fusil à tirer ; il ne recula pas. Quant à Pepin, il est incapable de faire du mal par lui-même ; il lui faut quelqu'un pour tirer les marrons du feu.

J'arrive à l'époque de mon malheur ; le dernier jour j'étais triste et abattu, je n'avais aucune pensée agréable, je n'avais plus ni aucun charme dans la conversation, ni aucune douceur de la vie ; mon sommeil était troublé : mais j'avais donné ma parole et j'exécutai mon projet.

J'ai eu la tête brisée, et cependant je vous ai dit la vérité. Mes complices la diront comme moi, car ils accoucheront. Pour moi, je ne veux qu'une chose, c'est que ma patrie et le monde sachent que j'ai dit la vérité. Si Morey a fait exprès de mal charger quelques canons, je le pardonne ; si je me suis trompé en croyant cela, qu'il me pardonne ; j'ai fait mon devoir.

Voyez-vous cette main brisée et cette tête dont on a tiré 24 morceaux. Si j'avais voulu, j'ai un moyen de dormir quand je veux sans m'empoisonner ; j'aurais pu m'affaisser de manière que la fièvre cérébrale s'emparât de moi.

La vue de M. Lavocat, de mon bienfaiteur, m'a fait baisser la machine ; il y a eu bien des victimes, mais il y en aurait eu bien davantage. Je reviens à mon cachot. Je me disais : Fieschi, tu ne sortiras d'ici jusqu'à ce que tu *iras* à l'échafaud. Je voulais mourir sous le nom de Girard. Je me disais : Quel chagrin pour mes anciens bienfaiteurs de savoir que Fieschi va à l'échafaud.

M. Lavocat pénétra dans ma prison : j'espérais qu'il ne me reconnaîtrait pas, car j'étais comme un cadavre défiguré ; il me dit : Je suis Lavocat. Sortez, lui répondis-je, un homme comme vous n'a pas besoin de me connaître. Il me répondit : Je viens à votre secours ; cette émotion fut au-dessus de mes forces ; je versai des larmes et je me dis : Que dira-t-on ? on dira que tu es un délateur ; mais non, si tu avais été un délateur, tu aurais été déclarer l'attentat avant de le commettre, et j'ai tout dit à M. Lavocat.

M. le président et MM. les ministres n'avaient rien pu tirer de moi ; un pauvre homme comme moi avait eu le front de dire à M. Thiers : Je vous regarde comme un homme d'état, comme un homme à grands moyens ; mais je n'ai pas de confiance.

On a dit que j'avais été flétri ; flétri !... pauvre Fieschi, je te plains ; mais mon cœur est-il flétri ? Au reste, je *les* pardonne ; mais MM. les pairs vous verrez si j'ai dit la vérité.

Dans ma carrière orageuse, je trouve deux routes, deux embranchemens ; je prends la mauvaise, celle qui me conduira dans 48 heures à l'échafaud. J'irai avec coerage pour réparer mon crime ; mais je demande grâce pour mes complices. Ce bon vieillard n'est plus à craindre ; Pepin, je veux l'anéantir. Il ne pourra plus lever la tête. Dans les affaires de Juin, il s'était fait une réputation ; on a beaucoup tiré de sa maison ; mais je ne crois pas qu'il ait combattu, car Pepin et la peur ne se sont jamais quittés. (On rit.)

Il est heureux d'avoir un père qui est venu au monde avant lui, et qui lui a laissé des sous ; c'est ainsi qu'il s'est fait une réputation dans son quartier, car l'ouvrier est toujours pour celui qui lui donne quelque chose. Il est décoré de Juillet ; mais que Dieu me punisse s'il a jamais été aux barricades ; il n'y a pas de danger. Je demande grâce pour mes deux complices, car Boireau ne l'est pas. Je ne demande pas grâce pour moi ; je ne serais plus heureux sur la terre. J'ai toujours regardé la mort comme une loi générale ; quand la nature nous fait, elle ne nous dit pas : Tu vivras long-temps.

Pour moi, j'ai dit la vérité, je ne demande qu'une chose, c'est qu'en me lisant ma sentence, dans 24 heures peut-être, la cour me fasse dire : Tu as dit la vérité, la loi te condamne à la peine capitale.

Je suis un grand coupable, mais écoutez encore deux mots qui me restent à vous dire ; le crime que j'ai commis a heureusement épargné le roi et ses fils ; au milieu des morts qui l'entouraient, il a eu le courage de mar—

cher en avant, il a donné l'exemple à ses fils ; le Français aime les hommes courageux : c'est pour cela qu'il a aimé Napoléon, tous les napoléonistes se sont réunis au drapeau national.

Je le dis en finissant, je demande la grâce de mes deux complices. L'un n'est qu'un pauvre vieillard, l'autre n'est pas à craindre. Voilà tout ce que j'avais à dire. En allant à l'échafaud, je marcherai au pas accéléré ; je me recommanderai à Dieu, et la France verra que je sais mourir.

J'ai fait aujourd'hui ma confession politique ; avant de mourir je ferai ma confession religieuse ; car je ne suis pas un payen. Je n'ai plus rien à dire à la cour.

M. le président. Morey, avez-vous quelque chose à ajouter à votre défense.

Morey. Non, monsieur ; je proteste et je protesterai jusqu'à la fin de mon innocence.

M. le président. Pepin, avez-vous quelque chose à ajouter à votre défense ?

Pepin, d'une voix éteinte ; Non, M. le président ; je le répète, je suis innocent.

M. le président, à Boireau. Avez-vous quelque chose à ajouter à votre défense ?

Boireau. Je remercie mon défenseur et M. le président, qui m'a fait l'amitié de me le donner. J'implore de la bonté de la cour qu'elle me rende aux larmes de ma mère.

AUDIENCE DU 15.

La Cour des pairs, s'est réunie en la chambre du conseil ce matin à onze heures pour délibérer. On dit qu'à six heures du soir le sort de Fieschi, de Morey et de Pepin était fixé. On ajoute qu'à ce moment la délibération a été suspendue, et que les pairs se sont rendus dans la galerie des tableaux, où avaient été dressés des buffets chargés de viandes froides. Au bout d'une demi-heure, la délibération était reprise pour statuer sur l'accusation portée contre Boireau et Bescher.

A huit heures, une foule nombreuse de curieux se tiennent devant la principale entrée du palais de Luxembourg. A ce moment, les portes de la salle sont ouvertes; les 2 ou 300 personnes auxquelles des billets ont été distribués occupent les tribunes réservées; les gardes nationaux et plusieurs officiers de ligne prennent place dans les deux tribunes à droite et à gauche du banc des accusés.

Nous entendons dire que Nina Lessave s'est rendue à deux heures à la prison du Luxembourg, pour visiter Fieschi, avec qui elle a diné.

Dans la soirée, M. l'abbé Grivel, mandé par Fieschi, s'est rendu auprès de lui, pour lui prodiguer les secours de son saint ministère.

A 10 heures moins un quart, un grand mouvement se manifeste parmi les huissiers de service. MM. Parquin, Paillet, Paul Fabre, Plocque et quelques jeunes avocats viennent s'asseoir au barreau. La plupart des témoins sont dans leur tribune. Nous apercevons M. Lavocat sur les bancs placés auprès du barreau.

A dix heures vingt-cinq minutes, un huissier annonce la Cour.

M. le président Pasquier entre le premier dans la salle. Sa figure pâle est altérée par la fatigue. MM. les pairs entrent gravement et prennent silencieusement leurs places. Pendant quelques instants, il règne dans la salle un profond silence, qui donne à l'assemblée un caractère lugubre.

M. le président, d'une voix sourde. Faites l'appel nominal.

M. Cauchy appelle par ordre de réception les pairs qui ont siégé comme juges au procès; pendant cette opération qui, dans les pécédentes séances, avait lieu au milieu du bruit des conversations particulières, MM. les pairs restent dans le recueillement le plus complet.

M. le Président lit d'une voix solennelle l'arrêt dont voici le texte :

» La Cour des pairs,

» Vu l'arrêt du 19 novembre dernier, ensemble l'acte d'accusation dressé en conséquence contre

» Fieschi (Joseph(,

» Morey (Pierre),

» Pepin (Pierre-Théodore-Florentin),

» Boireau (Victor),

» Bescher (Tell) ;

» Ouï les témoins en leurs dépositions et confrontations avec les accusés ;

» Ouï, le procureur-général du roi en ses dires et réquisitions ;

» Après avoir entendu Fieschi et M.es Patorni, Parquin et Chaix-d'Est-Ange ses défenseurs ; Morey et M.e Dupont son défenseurs ; Pepin et M.es Marie et Philippe Dupin ses défenseurs ; Boireau et M.e Paillet son défenseur ; Bescher et M.e Paul Fabre son défenseur, dans leurs moyens de défense ;

» Après en avoir délibéré,

» En ce qui concerne Fieschi (Joseph),

» Attendu qu'il est convaincu d'avoir, le 28 juillet dernier, commis, à l'aide d'explosion d'armes à feu, un attentat contre la personne et la vie du roi, et de plusieurs membres de la famille royale ;

» Qu'il s'est, en outre, par le même acte, commis avec prémédiation, et guet-à-pens rendu coupable.

1. D'homicide volontaire sur la personne du maréchal duc de Trévise, du général Lachasse de Vérigny, du colonel Raffé, du comte Villatte, du lieutenant-colonel Rieussec, des sieurs Léger, Ricard, Prud'homme, Benetter, Inglar, Ardoins, Labrouste, Leclerc ; des dames Briosne, Ledhernez, Lagoré ; des demoiselles Remi et Alizon ;

» 2. De tentative d'homicide volontaire sur la personne du général comte de Colbert, du général baron Brayer, du général Pelet, du général Eymès, du général Blin, des sieurs Charamaude, Marion, Goret, Amaury, Baraton, Rousselle, Fhachemorr, des dames Ledhernez, Demery, de la veuve Ardoins, et de la demoiselle François, ladite tentative ayant les caractères déterminés par l'art. 2 du code pénal.

» En ce qui touche Morey et Pepin,

» Attendu qu'ils sont convaincus de s'être rendus complices des crimes ci-dessus spécifiés,

» 1. En concertant et arrêtant entre eux et avec l'auteur de l'attentat la résolution de le commettre

» Laquelle résolution a été suivie d'actes commis pour en préparer l'exécution.

» 2. En donnant des instructions pour commettre ledit attentat, en y provoquant par dons, machinations et artifices coupables, en procurant des armes et autres moyens ayant servi à le commettre, sachant qu'ils devaient y servir, et en ayant, avec connaissance, aidé et assisté l'auteur de l'action, dans les faits qui l'ont préparée, facilitée et consommée.

» En ce qui concerne Boireau :

» Attendu qu'il est convaincu de s'être rendu complice des mêmes crimes, en ayant, avec connaissance, aidé et assisté l'auteur de l'action dans les faits qui l'ont préparée et facilitée.

» En ce qui concerne Bescher :

» Attendu qu'il ne résulte des débats aucune charge qui établisse qu'il se soit rendu coupable, comme auteur ou comme complice des crimes ci-dessus qualifiés ;

» Déclare Bescher acquitté de l'accusation portée contre lui, ordonne qu'il sera mis sur-le-champ en liberté, s'il n'est retenu pour autre cause ;

» Déclare Fieschi coupable :

» 1. D'attentat contre la personne et la vie du roi, et contre celle de plusieurs membres de la famille royale ;

» D'homicide volontaire, commis avec prémédi-
tation et guet-à-pens, sur la personne de (suivent les
noms mentionnés ci-dessus);

» De tentative d'homicide volontaire sur les personnes de (suivent les noms);

» Déclare Morey et Pepin coupables de complicité des mêmes crimes,

» Lesdits crimes prévus par les articles 86, pa-
ragraphes 1.er et 2, 88, 295, 296 et 302 du Code
pénal;

» Faisant application des articles 2, 59 et 60 du
Code pénal;

» Vu les articles 7, 12, 13, 20, 28, 29, 36 et 49
du même Code, desquels articles il a été donné lecture;

» Condamne Fieschi (Joseph) à la peine du parri-
cide;

» Ordonne qu'il sera conduit de l'exécution en
chemise, nu pieds et la tête couverte d'un voile noir,
et qu'il sera exposé sur l'échafaud, pendant qu'un
huissier fera au peuple l'ecture de l'arrêt de condamnation, et qu'il sera immédiatement exécuté à mort;

» Condamne Pierre Morey et Pierre-Théodore-
Florentin Pepin à la peine de mort;

» Condamne Victor Boireau à la peine de vingt
ans de détention;

» Condamne Fieschi, Morey, Pepin et Boireau
solidairement aux frais du procès, desquels frais la
liquidation sera faite conformément à la loi tant pour
la portion qui doit être supportée par les condamnés;
que pour celle qui doit demeurer à la charge de l'État,
ordonne conformément à l'art. 47 du Code pénal,
qu'après l'expiration de sa peine, Boireau sera pendant toute sa vie sous la surveillance de la haute police; ordonne que le présent arrêt sera exécuté à la
diligence du procureur-général du roi, imprimé, pu-
blié et affiché partout où besoin sera, et qu'il sera lu

et notifié aux accusés par le greffier en chef de la Cour.

Fait et prononcé le lundi, 16 fevrier 1836, à l'audience publique de la Cour.

DÉCLARATIONS DE PEPIN DEVANT M. LE PRÉSIDENT DE LA COUR DES PAIRS. — DÉCLARATIONS DE MOREY. — CONFRONTATION DE PEPIN AVEC FIESCHI.

On a répandu le bruit ces jours derniers que le condamné Pepin avait été, dans son cachot, l'objet de rigueurs inusitées, que des moyens de contrainte morale avaient été mis en usage, pour lui arracher des révélations. D'un autre côté, on se demandait comment il était possible de concilier les aveux que Pepin aurait faits, avec les protestations d'innocence qui ont signalé ses derniers momens.

Pour imposer silence à toutes les rumeurs, et faire connaître la vérité toute entière, M. le président de la cour des pairs s'est déterminé à publier les déclarations de Pepin, de Morey et de Fieschi depuis leur condamnation. On ne peut qu'applaudir à cette résolution, et nous nous empressons d'ouvrir nos colonnes aux documens authentiques dont nous venons de recevoir communication.

Interrogatoire subi par Pepin, le 17 février 1836, devant M. le baron Pasquier, président de la cour des pairs.

L'an 1836, le 17 février, à onze heures du matin.

Nous Etienne-Denis baron Pasquier, pair de France, président de la cour des pairs;

Vu la lettre à nous adressée par le condamné Pepin (Pierre-Théodore-Florentin), et annexée à notre présent procès-verbal;

Nous sommes transporté à la maison de justice de la rue de Vaugirard, où étant assisté de Léon de la Chauvinière, greffier en chef adjoint de la cour, nous avons demandé au condamné Pepin de nous dire la vérité tout entière, tant sur lui que sur ses complices, en lui faisant observer que ce jour était peut être le dernier où il pourrait se rendre ce service à lui-même.

Le condamné Pepin nous a répondu :

« En ce qui concerne la course que j'ai faite au foubourg Saint-Jacques, le 28 juillet au matin, je n'y ai vu que les personnes que j'ai déjà désignées, au nombre de quatre, entre lesquelles se trouve Elorioi, alors marchand de vin ; c'était moi qui avais contribué, pour plus grande part, à son établissement. Je lui dis qu'il pourrait bien y avoir du bruit ; il me dit que, si cela arrivait, il y avait un lieu de rendez-vous où devaient se réunir ses amis et ses connaissances ; mais il ne m'a pas dit où, ni comment la réunion devait avoir lieu, et je n'en ai pas su davantage. Je demeure toujours convaincu que Fieschi s'est introduit chez moi pour me perdre. Dans tout ce qu'il a dit il y a une grande quantité de mensonges mêlés à quelques vérités.

D. Persistez-vous à dire que Fieschi a menti dans les déclarations qu'il a faites relativement aux communications que vous auriez eues avec Cavaignac ?

R. Cet homme a toujours eu la pensée de commettre un crime, de marcher sur les Tuileries. Il voulait avoir des armes, et un jour il me demanda si je pourrais lui en procurer ; je lui dis que cela m'était impossible. Alors il me parla de ce projet dont je vous ai déjà entretenu, et qui consistait à pénétrer dans la caserne des sous-officiers sédentaires du Jardin-du-Roi avec un ami, et à tuer tout ce qu'il serait nécessaire de tuer pour s'emparer des armes. Comme alors j'allais quelquefois à Sainte-Pélagie voir Lecomte, je dis à Fieschi, pour le maintenir et pour éviter un malheur, que je pourrais parler à quelques patriotes, et notamment à Cavaignac, et leur demander des armes. Je rencontrai en effet Cavaignac dans la cour de la prison et je lui demandai des armes ; Cavaignac me répondit qu'il m'engageait fortement à ne pas m'occuper de ces choses-là et qu'il ne pouvait me fournir des armes. Quelques temps après, toujours dans la pensée de maintenir cet homme, je ne nie pas que je lui aie dit que je pourrais lui procurer des armes par Cavaignac. Pour vérifier ce que je viens de dire sur les projets de Fieschi contre la caserne du Jardin-du-Roi, on peut s'assurer qu'il est facile de pénétrer dans cette caserne par un petit mur qui la sépare du jardin d'un maraîcher, du moins c'est Fieschi qui me l'a dit. Si M. le président veut m'adresser d'autres questions, je suis prêt à y répondre.

D. En demandant des armes à Cavaignac, ne lui avez-vous pas dit dans quel but vous cherchiez à vous les procurer ?

R. Je lui ai dit que c'était pour un individu qui avait le projet de se battre contre le gouvernement et le roi : je ne lui en ai pas dit davantage j'aurais craint moi-même d'être assassiné.

D. N'avez-vous rien à ajouter aux détails que vous avez déjà donnés sur la promenade à cheval qui a eu lieu sur le boulevart, dans la soirée du 27 juillet?

R. Je dis que ce n'est point moi qui ai offert à Boireau mon cheval, c'est lui qui est venu de la part de Bescher me dire de passer à cheval sur le boulevart, sans vouloir m'expliquer le véritable motif de cette promenade; toutefois, il m'a dit que c'était pour servir à un projet qu'avait Bescher; j'ai refusé de faire ce qu'il désirait, et alors il m'a demandé mon cheval que je lui ai prêté.

D. Quel jour Boireau vous a-t-il fait cette demande?

R. Je crois que c'est le dimanche soir, vers dix heures et demie ou onze heures, au moment où je revenais de la campagne.

D. Croyez-vous que Boireau fut initié depuis long-temps au complot?

R. Je ne le crois pas; mais, dans tous les cas, je persiste à dire que ce n'est pas moi qui l'ai mis au courant de cette affaire : je ne le connaissais pas assez pour cela, et, au contraire, il connaissait beaucoup Fieschi.

D. Morey n'a-t-il pas été plus avant et plus tôt que vous encore dans les confidences de Fieschi?

R. Je le crois.

D. N'est-ce pas lui qui vous a parlé le premier de la machine?

R. Non, monsieur.

D. Qui donc vous en a parlé le premier.

R. C'est Fieschi qui m'en a parlé le premier, en me disant ses idées de vengeance.

D. Lorsque vous êtes allé à Sainte-Pélagie, n'avez-vous pas demandé des armes à d'autres qu'à Cavaignac?

R. Non, monsieur.

D. L'argent que vous donniez si souvent, soit à des accusés, soit à des condamnés politiques, vous appartenait-il?

R. L'argent que j'ai donné ou plutôt prêté était à moi, et je ne l'ai donné que dans des vues d'humanité. Mais je sais bien qu'on s'est plu à me représenter comme un instrument qui obéissait à des impulsions supérieures; cela n'est pas, et tout ce que j'ai fait, je l'ai fait de mon chef, dans des intentions de bienfaisance, et aussi pour détourner de mauvaises idées les personnes que j'obligeais; c'est ainsi que j'en ai agi avec Lion, Floriot et d'autres encore. Quant à la manière dont j'ai connu Fieschi, je ne puis que me référer à ce que j'ai déjà dit : c'est chez Morey que je l'ai vu pour la première fois, à un dîner auquel celui-ci est venu m'inviter chez moi, et où se trouvaient la femme Petit et deux personnes de l'âge de Morey et de son pays : et c'est à cause de ce dîner, et parce que je ne veux jamais rien avoir à personne, que j'ai engagé Morey à ce dîner où était M. Levaillant.

D. N'avez-vous rien autre chose à déclarer?

R. Non, monsieur, rien autre chose. Je ne nie pas avoir prêté de l'argent à Fieschi : alors il me faisait voir une lettre de l'un de ses amis qui devait le mettre dans le cas de se libérer prochainement envers moi.

D. Vous rappelez-vous à peu près la quotité des sommes que vous auriez ainsi prêtées à Fieschi?

R. 250 au 300 fr. environ. Hélas! monsieur, Morey doit bien savoir que je ne suis qu'une victime là-dedans.

D. C'est Morey qui vous a engagé dans cette fatale entreprise?

R. Non, monsieur; dans ma pensée, Morey peut avoir été plus avant que moi dans l'affaire et avoir plus de reproches à se faire; mais je crois qu'il est victime comme moi. C'est le poignard de Fieschi qui a causé ma perte par la frayeur qu'il m'inspirait. S'il était de bonne foi, Fieschi, il vous dirait les efforts que j'ai faits, encore la dernière fois que je l'ai vu, pour le rappeler à la vertu et le détourner de tirer sur ses concitoyens. Je jure sur la tête de ma femme et de mes enfans que jamais je n'ai fait, le mal, que jamais je ne l'ai conseillé, et que jamais je n'ai payé pour les faire. J'ajouterai que si Fieschi avait suivi les conseils que je lui ai donnés il serait aujourd'hui un ouvrier laborieux.

Et a signé avec nous et le greffier en chef adjoint de la cour, après lecture faite.

Signé : Théodore Pepin, Pasquier, Léon de la Chauvinière.

Après avoir signé, Pepin dit : « Ce qui prouve que je n'ai jamais donné de mauvais conseils à Fieschi, c'est que je l'ai empéché deux fois d'assassiner M. Caunes, auquel il attribuait ses malheurs, et Maurice, contre lequel il était très irrité par la jalousie au sujet de la femme Petit. Je lui ai dit qu'il fallait plutôt les plaindre que de chercher à s'en venger. »

Signé Théodore Pepin, Pasquier, Léon de la Chauvinière.

Et de suite nous nous sommes transportés dans la chambre du condamné Fieschi, auquel nous avons demandé s'il n'avait pas parlé à Pepin d'un projet qu'il aurait eu et qui aurait consisté à pénétrer dans la caserne des sous-officiers sédentaires du Jardin-du-Roi, pour s'emparer de vive-force des armes qui s'y trouveraient.

Fieschi nous a répondu :

« Cela est vrai ; nous avons délibéré entre nous trois, Pepin Morey et moi, sur les moyens de nous procurer des armes après que l'événement serait arrivé. J'ai indiqué celui-là. Pepin, de son côté, a dit qu'on pourrait facilement s'emparer des fusils déposés chez les capitaines d'armement de la garde nationale, et qui serviraient à armer les bisets. Il a été aussi question de s'emparer des dépôts d'armes qui pouvaient être dans les casernes. »

Et a signé avec nous et le greffier en chef-adjoint de la cour, après lecture faite.

Signé FIESCHI, PASQUIER, LÉON DE LA CHAUVINIÈRE.

Interrogatoire subi le 17 février 1836 par Pepin devant M. le baron Pasquier, président de la cour des pairs.

L'an 1836, le 17 février, à neuf heures et demie du soir, nous Etienne-Denis baron Pasquier, pair de France, président de la cour des pairs ;

Vu la demande à nous adressée par le condamné Pepin ;

Nous sommes transporté dans la chambre occupée par lui dans la maison de justice de la rue de Vaugirard, où étant assisté de Léon de la Chauvinière, greffier adjoint de la cour, nous avons demandé au condamné Pepin de compléter les déclarations qu'il nous a faites ce matin, et que nous avions lieu de ne pas croire entièrement exactes.

Pepin nous a répondu qu'il n'avait rien à ajouter à ces déclarations.

Nous lui avons alors représenté qu'il s'était probablement expliqué plus ouvertement qu'il ne l'a dit jusqu'à présent avec Cavaignac lorsqu'il lui a demandé des fusils.

Le condamné nous a répondu : « Non, Monsieur, je ne lui ai pas dit pourquoi je lui demandais ces fusils. »

Nous avons ensuite demandé au condamné s'il n'avait pas été en relation avec des personnes appartenant à l'opinion carliste.

Le condamné a répondu : « Non. Si j'avais parlé à des carlistes, ce serait sans le savoir. »

D. Vous ne vous rappelez pas avoir fait confidence de l'attentat à personne ?

R. Je ne me rappelle pas avoir parlé de cela à personne.

D. Ce matin, M. le procureur-général, sur votre demande et ur celle de Fieschi, vous a mis l'un et l'autre en présence. Je vais renouveler cette épreuve, et quand vous serez confronté avec Fieschi, peut-être vous déciderez-vous à dire toute la vérité.

R. Je maintiens et je confirme la déclaration que je vous ai faite ce matin.

D. Connaissez-vous quelque personne qui, indépendamment de vous, ait donné de l'argent à Fieschi dans la vue de l'attentat?.

R. En dehors de Fieschi, je ne sache rien du tout.

Et à l'instant nous avons fait amener devant nous le condamné Fieschi, et nous lui avons demandé de s'expliquer de nouveau en présence de Pepin, sur la conférence qui a eu lieu le 24 juillet entre Pepin, Morey et lui, sous les arches du pont d'Austerlitz.

Après avoir raconté, comme il l'a fait plusieurs fois dans l'instruction et aux débats diverses particularités de cette conférence, Fieschi a ajouté :

« Morey avait dit : Moi, je chargerai les canons, » et il avait expliqué comment il entendait les charger ; après quoi Pepin a dit : « Vous allez faire bien des victimes. » Je n'ai pas su si Pepin disait cela ironiquement ou autrement. »

Ici Pepin dit : « Moi, je soutiens que j'ai été pendant plus d'une demi-heure à faire envisager à Fieschi, quand j'ai connu son projet définitif, les victimes qu'il ferait, et à l'engager à ne pas donner suite à ce projet. »

Fieschi de ce interpelé dit : « Je conviens que Pepin a fait ces observations pendant une heure, s'il le veut. Alors je lui dis : Il faut décider oui ou non, tout briser ou bien acheter les canons. Pas moins, il fut convenu avant de nous quitter que les canons seraient achetés, et l'argent m'a été remis le lendemain par Morey chez moi. »

Pepin. Moi, je déclare que je n'ai pas entendu parler des canons ; cependant il est possible qu'il en ait été question. J'ajouterai que c'est Morey qui est venu me chercher chez moi pour me conduire à ce rendez-vous.

Fieschi. Cela est vrai. Il me reste à dire que Pepin n'était pas si obstiné ou enragé pour cette affaire que Morey.

Pepin. Je le crois bien, puisque je demandais à Fieschi de la faire.

Fieschi. N'oubliez pas que c'est vous qui avez donné l'argent. Pourquoi l'avez-vous donné ?

Pepin. Si j'ai donné de l'argent à Fieschi, c'est antérieurement à cela et parce que j'étais sous son influence terrifiante. Vous voyez bien que Fieschi dit lui-même que c'est Morey qui lui a fourni l'argent des canons. Pour preuve que je ne veux pas avoir de ré—

licences, je conviens que Fieschi m'a montré le modèle en bois de sa machine et je l'ai brisé.

Fieschi. Cela peut bien être, car le lendemain du jour où je vous ai remis ce modèle, je ne l'ai plus trouvé sur la table de nuit où je l'avais placé.

Nous avons demandé alors à Fieschi et à Pepin s'ils avaient quelque chose à ajouter.

Pepin dit : « Je demande que Fieschi dise si je ne lui ai pas plusieurs fois conseillé de se constituer prisonnier, lorsqu'il me disait qu'il était poursuivi comme détenteur d'armes de guerre. ?

Fieschi répond : Oui, cela est vrai, parce que je n'osais pas dire le véritable motif pour lequel j'étais poursuivi. »

Nous avons enfin demandé à Fieschi et à Pepin s'ils n'ont rien à faire connaître à la justice, relativement à des personnes dont ils n'auraient pas encore parlé.

Pepin répond : Est-ce que j'aurais pu parler à quelqu'un de son projet?.

Fieschi. La machine, personne ne l'a vue que moi et Morey, Pepin n'a vu que le modèle; il n'est venu qu'une fois chez moi; mais ma conviction est toujours que Pepin a dit à des membres de sociétés secrètes qu'il y aurait quelque chose le jour de la revue.

Pepin. Je soutiens, moi, que je ne connaissais pas de sociétés secrètes; je déclare aussi que je ne me souviens pas de ce qu'on a pu dire sur la charge des canons, ni de la date de cette entrevue. J'ajoute que je ne me souviens pas que Fieschi m'ait recommandé la fille Lassave; j'ai toujours agi sous l'influence de Fieschi, ainsi que je l'ai déclaré ce matin.

Et à, chacun des condamnés, signé avec nous et le greffier en chef adjoint de la cour.

Signé FIESCHI, Th. PEPIN, PASQUIER, Léon de la CHAUVINIÈRE.

Interrogatoire subi par Morey, le 18 février 1836, devant M. le baron Pasquier, président de la cour des pairs.

L'an 1836, le 18 février, à trois heures du soir.

Nous Etienne-Denis baron Pasquier, pair de France, président de la cour des pairs.

Nous sommes transporté à la maison de justice de la rue de Vaugirard, où, étant assisté de Léon de la Chauvinière, greffier en chef adjoint de la cour, nous avons été introduit dans la chambre occupée par le condamné Morey, auquel nous avons adressé les questions suivantes :

D. Dans la position où vous vous trouvez, et comme on m'a dit que vous aviez exprimé quelque désir de me voir, j'ai cru devoir céder à ce désir, dans la pensée que vous aviez peut-être quelques révélations à me faire, et que votre intention était de dire enfin la vérité que vous avez dissimulée jusqu'à présent ?

R. Je voudrais, pour mon pays et pour moi-même, avoir quelque chose à révéler, je le ferais de bon cœur; mais je n'ai absolument rien à dire sur toutes ces choses-là. Je ne sais pas, par exemple, ce qui a pu se passer entre Fieschi, Pepin et Boireau.

D. Vous n'avez donc pas vu le modèle de la machine de Fieschi?

R. Je n'ai vu cette machine qu'au tribunal.

D. Vous avez cependant assisté à la conférence qui a eu lieu le 25 juillet entre Fieschi et Pepin, sous les arches du pont d'Austerlitz

R. Nous sommes allés nous promener tous les trois de ce côté, mais je ne me souviens pas que nous soyons allés sous les arches du pont.

D. Est-ce que ce n'est pas vous qui étiez allé chercher Pepin pour le conduire à ce rendez-vous? Pepin l'a dit.

R. En revenant de la rue de Charenton, je l'ai pris avec moi, mais sans penser à une chose ou à une autre, et tout en causant, nous avons passé le pont d'Austerlitz.

D. Pepin est plus sincère que vous; il a avoué, depuis l'arrêt de la cour, beaucoup de choses qu'il avait niées dans le cours de l'instruction.

R. Pepin a pu dire des choses que j'ignore, parce que, depuis que Fieschi était sorti de chez moi, il avait beaucoup plus de rapports avec Pepin qu'avec moi.

D. Vous persistez donc à soutenir que vous n'avez aucune espèce de révélation à faire ?

R. Non, monsieur; je n'ai rien à dire.

D. Est-ce qu'en gardant le silence sur des faits dont vous avez dû avoir connaissance, vous ne cédez pas à des conseils qui vous auraient été donnés dans l'intérêt du parti auquel vous avez appartenu ?

R. Il est bien vrai que je suis républicain, mais je ne suis pas pour cela capable de faire du mal à mon pays; et si je savais quelque chose qui pût être utile, je le dirais.

Et a signé avec nous et le greffier en chef-adjoint de la cour, après lecture faite.

Signé Morey, Pasquier, Léon de la Chauvinière.

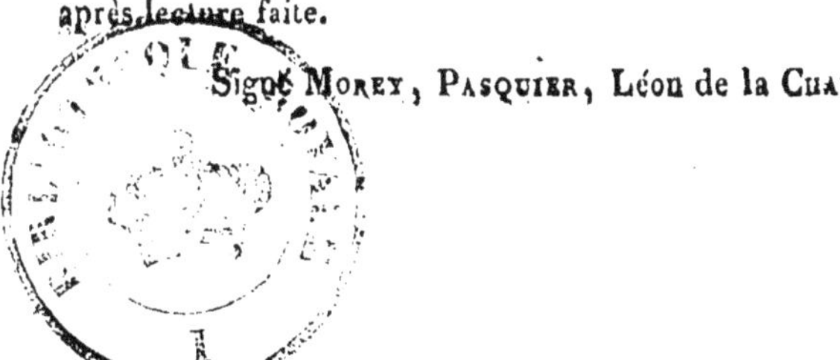

Interrogatoire subi par Pepin, le 19 février 1836, devant M. le baron Pasquier, président de la cour des pairs.

L'an 1836, le 19 février, à une heure moins un quart du matin;

Nous, Etienne-Denis baron Pasquier, pair de France, président de la cour des pairs;

Vu la demande itérativement faite par le condamné Pepin;

Nous sommes transporté à la maison de justice de la rue de Vaugirard, où étant, assisté de Léon de la Chauvinière, greffier en chef adjoint de la cour, nous avons interrogé Pepin ainsi qu'il suit :

D. Par diverses lettres que vous avez adressées à M. le procureur-général, à M. le duc Decazes et à moi, vous avez demandé à être entendu de nouveau, en annonçant que vous étiez prêt à dire enfin toute la vérité; êtes-vous en effet déterminé à la dire?

R. Je suis déterminé à dire tout ce que je sais. Lorsque j'ai demandé des armes à Cavaignac à Sainte-Pélagie, en lui disant qu'un homme avait formé le projet de tirer sur le roi, à sa première sortie, Cavaignac me répondit : « Si je peux me procurer des fusils, je vous le ferai dire. »

D. Cavaignac vous a-t-il en effet fait dire qu'il vous procurerait des armes?

R. Non, monsieur, il ne m'a rien fait dire, et c'est alors que je lui ai écrit pour lui demander s'il pouvait me procurer ces vingt ou vingt-cinq fusils. Je me rappelle que je lui ai fait remettre cette lettre par sa mère, et j'ai dit à Fieschi que j'avais écrit à Cavaignac.

D. Cavaignac a-t-il répondu à cette lettre?

R. Non, monsieur.

D. N'avez-vous demandé des fusils qu'à Cavaignac?

R. Non, monsieur.

D. Avez-vous vu Cavaignac depuis son évasion?

R. Non, monsieur.

D. Ne lui avez-vous pas formellement donné avis de ce qui devait se passer à la revue?

R. Non, monsieur; il a pu seulement le conjecturer, d'après ce que je lui avais dit, qu'on devait tirer sur le roi à sa première sortie ou à la première occasion.

D. N'avez-vous pas averti d'autres personnes que Cavaignac?

R. J'avais dit aussi à Recurt qu'à la première sortie du roi on tirerait sur lui.

D. A quelle époque avez-vous dit cela à Recurt?

R. Peu de temps avant sa réintégration dans sa prison, et lors-qu'il était dans une maison de santé.

D. Qu'est-ce que Recurt vous a dit au sujet de la confidence que vous lui avez faite ?

R. Je le rencontrai un jour rue Saint-Antoine; nous causâmes long-temps ensemble; je lui parlai des projets de Fieschi, Recurt ne m'en a pas détourné.

D. N'avez-vous pas averti d'autres personnes que Recurt? quelles sont ces personnes?

R. Le lundi, d'après ce que m'avait dit Boireau, j'ai prévenu Blanqui... (Ici, Pepin se reprenant, dit :) Il faut être véridique: c'est le jour de l'attentat, qu'en allant au faubourg St-Jacques, je rencontrai Blanqui jeune, comme il entrait chez un libraire de la rue de l'Estrapade, ou comme il en sortait; et je lui ai dit ce qui devait avoir lieu. Je crois vous avoir déjà déclaré que j'avais aussi prévenu Floriot; je leur ai dit qu'on devait tirer sur le roi, mais je ne leur ai pas dit par quel moyen.

D. Recurt ne vous avait-il pas fait entrer dans quelque société secrète du faubourg Saint-Antoine, d'après ce que vous auriez raconté ce matin? Vous avez ajouté que cette société se composait d'hommes très-dangereux, qui se connaissaient individuellement, mais qui ne se réunissaient pas. Vous avez dû avertir les membres de cette société?

R. Une nouvelle société s'est en effet formée depuis la loi contre les associations, et Recurt m'y a initié. Son but est le renversement du gouvernement; on y jure haine à la royauté. Je juge du danger qu'elle peut offrir, par les hommes importans qui en font partie; je dis importans par leurs talens : on m'a dit que Blanqui jeune et Laponneraie étaient membres de cette société; mais je ne les ai pas vus.

D. N'avez-vous pas averti d'autres personnes dans cette société que Recurt et Blanqui?

R. Non, monsieur.

D. N'aviez-vous pas averti Levraud?

R. Non, monsieur, je ne le connais pas assez pour cela.

D. Vous avez déclaré tout à l'heure que vous aviez averti Recurt, et ailleurs vous lui avez donné la qualité de membre du comité central de la société des Droits de l'Homme, qui lui appartenait réellement; n'était-ce pas en cette qualité que vous le préveniez , et afin qu'il avertît à son tour les sociétaires de ce qui devait se passer.

R. Non, monsieur; je l'ai prévenu parce que je le connaissais comme un homme politique, et de plus comme ex-capitaine de la garde nationale; c'était là l'origine de notre connaissance.

D. Vous avez dit tout à l'heure que vous aviez été initié par Recurt dans une nouvelle association secrète; comment se faisait cette initiation?

R. On vous présentait et on vous recevait. Je ne me rappelle pas le nom de la personne chez laquelle je fus reçu.

D. Vous avez prêté un serment quand vous avez été initié?

R. Oui, monsieur; c'est-à-dire on prête serment de ne pas se vendre. Je vous ai dit le but de la société.

D. Qui est-ce qui présidait le jour où vous avez été reçu?

R. Il n'y a pas de président. Deux personnes seulement sont là, celle qui présente et celle qui reçoit.

D. Quelle est la personne qui vous a reçu?

R. Je ne me le rappelle pas.

D. Cela est peu croyable; vous devez au moins vous rappeler le nom de la rue où est la maison dans laquelle vous avez été reçu?

R. C'est dans le faubourg St-Antoine; c'est tout ce dont je me souviens. J'ajoute que je persiste à dire que je n'ai jamais connu le véritable motif de Fieschi.

Et a signé avec nous et le greffier en chef adjoint de la cour, après lecture faite.

Signé Théodore PEPIN, PASQUIER, Léon de la CHAUVINIÈRE.

Après avoir signé, Pepin dit que c'est en raison de ses affections de famille qu'il a fait les déclarations ci-dessus.

Et a signé.

Signé Théodore PEPIN , PASQUIER, Léon de la CHAUVINIÈRE.

Pour expédition conforme des pièces déposées au greffe.

Le greffier en chef, E. CAUCHY.

EXÉCUTION

DE FIESCHI, MOREY ET PÉPIN,

— L'exécution de Pépin, Morey et Fieschi a réveillé dans une partie de la population parisienne ces appétits brutaux qui paraissent devoir sommeiller toujours au fond du cœur de l'homme et que les progrès de la civilisation seront long-tems encore impuissans à éteindre tout-à-fait. Croira-t-on que ce matin à 3 heures il y avait déjà foule à la barrière St-Jacques? A six heures tout le faubourg était encombré et la circulation y était devenue impossible. Les voitures, les charrettes, les diligences qui devaient entrer à Paris ou en sortir par cette barrière, ont été obligées de faire un long détour pour gagner les barrières voisines.

A la barrière du Trône et à celle de la Roquette, il y avait une affluence presque aussi considérable. Si le lieu de l'exécution avait été connu d'avance d'une manière plus certaine, la multitude aurait été encore plus nombreuse. On évalue à 25 ou 30,000 le nombre des individus qui se pressaient à la barrière St-Jacques et dans les rues voisines pour assister aux derniers momens des trois régicides.

Le funèbre cortège est parti de la prison du Lu-xembourg à 7 heures et demie du matin. Chacun des condamnés était placé dans une voiture distincte. Les trois voitures étaient escortées de 3o gades muicipaux à cheval et de trente gendarmes de la Seine. Les rues qu'elles devaient traverser étaint occupées par de forts détachemens de troupes.

Le cortège est sorti du Luxembourg par la grille de l'observatoire. A huit heures on était arrivé à la barrière St. Jacques. Un escadron de cuirassiers, un autre de carabiniers, deux régimens de ligne empê-chaient la multitude d'approcher de l'échaffaud.

A l'arrivée des condamnés le plus profond silence s'établit subitement parmi cette foule innombrable. Un greffier lut l'arrêt. Pepin monta le premier les de-grés de l'échelle fatale en prononçant à haute voix ces paroles : « je meurs innocens. Adieu mes amis ! —Un moment après le terrible couteau était tombé. On porta ensuite Morey sur l'échaffaud, c'était le tour de Fieschi. Il grimpa deux à deux les degrés de l'échelle avec une extrême agilité. Il avait encore à ce moment supême son sourire diabolique sur les lèvres. Pendant qu'on l'attachait sur la planche on l'enten-dit dire d'une voix assurée : « Messieurs, je vous as-sure que j'ai dit à la France toute la vérité et rien que la vérité. Dites que je suis mort avec courage. » — Des spectateurs rapportent que les lèvres re-muaient encore, lorsque la tête eut été tranchée.

Longtemps après que les trois corps furent partis

pour le cimetière du Mont-Parnasse, la foule restait encore sur le lieu de l'exécution et se grossissait à tout moment de tous ceux qui, sur de fausses indications répandues sans doute à dessein, avaient vainement attendu à la Barrière du Trône, à celles de la Roquette et du Combat. On peut dire, sans craindre d'exagérer, que 60 mille personnes au moins s'étaient mises en mouvement pour assister à cette lugubre cérémonie.

Aucun désordre n'a été signalé sur aucun point de la capitale. Hier soir quelques jeunes gens ont parcouru le Boulevard Montmartre en criant : grâce pour Morey et Pepin. » Ils se sont dispersés à la première réquisition.

« Le gouvernement, dit le Journal des Débats, se propose de publier incessamment tous les détails relatifs à la demande en grâce de Pepin et les motifs qui ont déterminé son rejet. Les aveux de Pepin depuis sa condamnation, sa correspondance avec M. le président de la cour seront également mis sous les yeux du public. Ce sera la meilleure réponse qui les puisse faire aux protestations de ce journal contre la haute justice qui a prononcé l'arrêt du 15 février.

Nous ajouterons que le pays ne se méprendra pas sur la gravité des motifs qui ont pu commandre la détermination de la couronne dans cette douloureuse circonstance. Mais il faut que le pays sache, et il le saura, que la royauté ne s'est pas rendue sans une longue et pénible lutte, à la rigueur et a l'importance de ses devoirs impérieux. Il faut que la France con naisse cette parole du Roi. Je voudrais avoir payé de mon sang, dans la journée du 28 juillet, le droit de faire grâce à ces malheureux !.... »

Le Roi a longtemps résisté aux conseils de la *raison d'état*. S. M. a refusé la grâce de Pepin et de Morey parce qu'il était impossible de l'accorder.

Le public savait si bien que le droit de grâce était paralysé entre les mains de S. M. que lorsqu'on parlait d'une commutation de peine en faveur de Pepin, on considérait cette faveur comme le prix des révélations faites par ce condamné.

FIN.

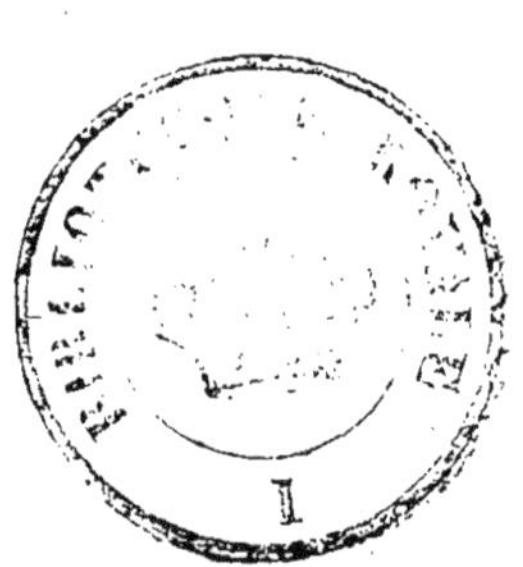

9 782014 057027